세럼
사운드 디자인
비법

EDM
히트송을
따라하며
배우는

【예제 파일 다운로드】

홈페이지: https://wikibook.co.kr/serum/

예제파일: https://github.com/wikibook/serum

EDM 히트송을 따라하며 배우는

세럼 사운드 디자인 비법

지은이 김경윤, 오석빈

펴낸이 박찬규 엮은이 윤가희 디자인 북누리 표지디자인 Arowa & Arowana

펴낸곳 위키북스 전화 031-955-3658, 3659 팩스 031-955-3660

주소 경기도 파주시 문발로 115 세종출판벤처타운 311호

가격 28,000 페이지 348 책규격 188 x 240mm

1쇄 발행 2020년 04월 13일

2쇄 발행 2022년 05월 25일

ISBN 979-11-5839-197-3 (93000)

등록번호 제406-2006-000036호 등록일자 2006년 05월 19일

홈페이지 wikibook.co.kr 전자우편 wikibook@wikibook.co.kr

이 도서의 국립중앙도서관 출판시도서목록 CIP는

서지정보유통지원시스템 홈페이지(http://seoji.nl.go.kr)와

국가자료공동목록시스템(http://www.nl.go.kr/kolisnet)에서 이용하실 수 있습니다.

CIP제어번호 CIP2020013458

세럼
사운드 디자인
비법

EDM
히트송을
따라하며
배우는

김경윤, 오석빈 지음

위키북스

음악 프로듀서에게 EDM은 반드시 공부해야 할 중요한 음악 장르가 되었습니다.

본격적인 EDM의 시작은 2011년 무렵 일렉트로닉 계열의 댄스음악이 유럽을 중심으로 유행하면서부터입니다. 이후 미국을 비롯하여 전 세계적으로 폭발적인 인기를 끌었으며 지금도 여전히 그 열기는 식지 않고 있습니다. 거의 매년 열리는 EDM 페스티벌은 많은 사람으로 북적이고 있고 몇 년 사이에 디제잉을 배우는 사람들의 수는 폭발적으로 늘어났습니다. 대학들은 앞다투어 뮤직 테크놀로지 학과를 신설했고 이제 음악 프로듀서에게 EDM은 반드시 공부해야 할 중요한 음악 장르 중 하나가 되었습니다.

세럼은 신시사이저 플러그인 부문에서 부동의 1위를 차지하고 있습니다.

세럼은 2014년 출시 이후 6년 동안 꾸준히 업그레이드되어왔고 신시사이저 플러그인 부문에서 부동의 1위를 차지하고 있습니다. 강력한 사운드 디자인, 사용자 중심의 쉬운 인터페이스 등으로 많은 국내외 EDM 프로듀서의 전폭적인 지지를 받고 있습니다. 아쉽게도 국내에서는 아직 EDM을 위한 사운드 디자인과 세럼에 대해 제대로 공부할 수 있는 마땅한 교재가 나와 있지 않습니다.

신시사이저 사운드 디자인의 진입장벽은 높아 보입니다.

필자는 사운드 디자인을 처음 접하면서 오실레이터, 필터, 엔벌로프, LFO 등 비음악적인 용어들 앞에서 좌절한 적이 있습니다. 멜로디 화성, 편곡 등을 중점적으로 들어온 음악 프로듀서에게 음악적인 요소 외의 사운드를 주의 깊게 듣고 분석하고 디자인하는 행위는 무척이나 어려운 일입니다. 신시사이저 사운드 디자인의 진입장벽은 높아 보입니다. 쉽게 포기해 버리거나 헤매는 경우가 많습니다. 그것은 신시사이저의 기능을 이론적으로 공부하는 것과 활용하는 것이 다르기 때문입니다.

26가지 트랜디한 EDM 히트송을 따라 만들며 사운드 디자인하는 방법을 배울 수 있습니다.

신시사이저를 이용한 사운드 디자인을 공부하는 사람들의 대부분은 EDM이나 그와 관련된 사운드를 만드는 것이 목적일 것입니다. '세럼 사운드 디자인 비법'은 그러한 점을 고민하고 쓴 결과물입니다. 이 책에서는 사운드 디자인 이론은 물론 26가지의 트랜디한 EDM 히트송 예를 따라 만들며 세럼을 이용해 사운드 디자인하는 방법을 차근차근 배울 수 있습니다. 아무쪼록 이 책을 시작으로 이 책에서 소개한 곡 외에도 더 많은 곡을 찾아서 들어보고 만들어 보길 바랍니다.

김경윤, 오석빈

이 책은 크게 신시사이저의 필수 이론과 세럼에 대해 설명하는 PART 01과 PART 02, 그리고 EDM 제작을 위한 따라 하기 예들로 구성된 PART 03과 PART 04로 나눌 수 있습니다. 또한 독자를 위해서 두 가지의 들어보기 QR 코드와 26개의 세럼 프리셋 파일을 제공합니다.

PART 01과 PART 02는 훑어봐도 됩니다.

PART 01과 PART 02는 훑어봐도 됩니다. 모든 내용을 다 이해할 필요는 없습니다. 내용이 너무 어렵다고 힘들어하지 말고 용어들을 가볍게 익힌다는 정도로 읽어 보는 것이 좋습니다. 물론 필요에 따라 이론적인 부분이 부족하다면 좀 더 꼼꼼히 공부해도 도움이 됩니다만 이 책의 목적이 세럼을 활용한 EDM 사운드 만들기에 있다는 것을 잊지 마세요.

PART 03과 PART 04는 천천히 따라 하세요.

PART 03부터 천천히 따라 해 보세요. PART 03을 진행하면서 궁금한 점이 생길 때 PART 01과 PART 02에서 관련된 내용을 찾아보면 이해하는 데 도움이 될 것입니다. PART 03은 PART 04를 위한 '워밍업'입니다. 따라서 PART 03의 내용을 빠짐없이 따라 해 본 다음 PART 04를 시작하세요. PART 04를 진행하면서도 어려운 부분이 있을 때 PART 03과 마찬가지로 PART 01과 PART 02를 찾아보면 큰 도움이 되리라 생각합니다.

P·A·R·T

04

EDM 사운드 따라잡기

사운드
신세시스

신세시스(Synthesis)란 사전적 의미로 종합, 통합, 합성이란 뜻을 가진 명사입니다. 따라서 사운드 신세시스란 소리의 합성을 말합니다. 또한 소리를 합성하는 도구를 신시사이저(Synthesizer)라고 하는데 자연의 소리, 어쿠스틱 악기를 포함해 자연계에 없는 소리까지 만들어 낼 수 있습니다. 다른 방법으로 제작할 수 없는 소리를 만들 수 있다는 점에서 신시사이저는 유일하고 특별한 악기라고 할 수 있습니다.

1.1. 소리의 이해

신시사이저에 대해 알아보기 전에 소리에 대해 간단히 살펴보겠습니다.

1.1.1. 소리의 파형과 주파수

소리는 어떻게 만들어지는 걸까요? 기술적인 관점에서 말하면 소리는 물리적인 에너지의 변환이라고 말할 수 있습니다. 예를 들어 손바닥을 치는 물리적 행위는 공기압의 변화를 통해 진동을 발생시키고 청자에게 소리를 전달합니다. 진동의 일정한 패턴이 있는 경우 그 소리는 파형(Waveform)이 있다고 하며 구분 가능한 진동의 패턴이 없는 경우 그 소리는 노이즈(Noise, 잡음)라고 합니다.

그림 1_1 파형의 패턴

사이클(Cycle)은 파형이 반복하는 것을 말하고 초당 발생하는 사이클 수에 따라 '주파수(Frequency)'라는 파형의 기본 음정을 결정합니다. 초당 진동수의 단위는 헤르츠(Hz: Hertz)로 440Hz는 가온 다 위의 '라(A)' 음정입니다. 주파수가 높을수록 고음을 생성합니다.

1.1.2. 파형의 특징

주파수 외에 파형의 특징에는 진폭, 파장, 주기 및 위상이 있습니다.

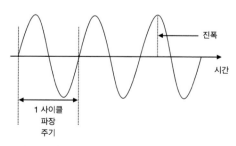

그림 1_2 파형의 특징

- **진폭(Amplitude)**: 파형의 진동 크기이며 음압의 변화를 보여줍니다.

- **파장(Wavelength)**: 파형 사이클의 거리로 주파수가 높을수록 파장은 짧아집니다.

- **주기(Period)**: 하나의 파형 사이클에 걸리는 시간으로 주파수가 높고 빨라질수록 주기는 짧아집니다.

- **위상(Phase)**: 한 주기의 파형이 가지는 위치나 상태이며 단위는 각도입니다. 두 개 이상의 파형이 시간에 따른 위치나 각도를 달리할 경우 파형의 위상은 변이되거나 상쇄됩니다.

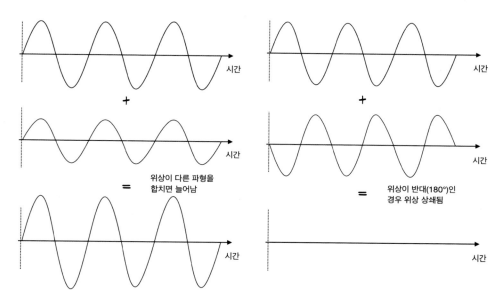

그림 1_3 두 개의 파형을 합성할 때 나타나는 위상 변화

1.1.3. 소리의 기본 구조

소리의 기본 주파수는 기음(Fundamental Tone)으로 식별합니다. 기음은 다른 배음에 비해 음량이 많으며 음정을 결정합니다. 모든 소리의 파형은 순수파인 사인파(Sine Wave)를 제외하고 기음과 주파수가 다른 여러 개의 톤으로 구성됩니다. 기음을 제외한 기음을 정수배한 음을 배음(Overtones, Harmonics)이라고 하며 파형의 종류에 따라 서로 다른 배음군을 이루는데 이것을 하모닉 스펙트럼(Harmonic Spectrum) 또는 프리퀀시 스펙트럼(Frequency Spectrum)이라고 합니다.

1.2. 신시사이저의 역사

신시사이저는 사인파 등 기본적인 파형의 기본 속성에서 시작하여 다양한 방식으로 소리를 생성하고 변형합니다. 일반적인 형태의 초기 신시사이저는 전압제어식 회로[1]를 통해 소리를 합성하는 아날로그 방식을 사용합니다. 전압의 높이는 음정에 영향을 주는데 아날로그 신시사이저는 전압의 상태에 따라 생성하는 소리의 음정이 불안정해지기도 합니다. 디지털 기술이 발달하면서 신시사이저의 신호 경로가 디지털화된 디지털 신시사이저가 등장했습니다. 일부 신시사이저는 디지털 오실레이터가 장착돼 있어 발진기의 신호를 아날로그 필터와 앰프에 보내는데 이 방식은 오실레이터가 생성하는 소리 음정의 불안정성을 해결해 줍니다. 컴퓨터 기술의 발전으로 등장한 오늘날 많이 사용하는 가상 신시사이저는 오실레이터, 필터 등 아날로그 신시사이저의 합성 방식을 컴퓨터의 알고리즘으로 구현한 것입니다.

대표적인 신시사이저로는 감산 합성(Subtractive) 방식의 아날로그 신시사이저인 '미니모그(Minimoog, 1970–81)', FM 방식의 디지털 신시사이저인 '야마하 DX7(Yamaha DX7, 1983–89)', 아날로그와 디지털 혼합 방식의 신시사이저인 PPG Wave(1981년 출시)가 있습니다.

그림 1_4 아날로그 신시사이저 미니모그(Minimoog)

아날로그 신시사이저 이전에는 최초의 전자악기로 알려진 텔하모니움(Telharmonium, 1897), 두 주파수의 간섭을 이용한 테레민(Theremin, 1920), 대중들에게 널리 퍼진 톤 휠(Tone Wheel) 방식의 하몬드 오르간(Hammond Organ, 1934), 최초로 프로그래밍이 가능한 대형 신시사이저 RCA 마크 2 사운드 신시사이저(RCA Mark 2 Sound Synthesizer, 1957) 등이 시대를 대표하는 신시사이저입니다.

1960년대에는 모듈식 신시사이저(Modular Synthesizer[2])가 있었으나 크고 비싸고, 복잡해서 대중화되지 못했으며 아날로그 신시사이저 '미니모그'에 와서야 소형화된 일반적인 감산 합성 방식의 신시사이저 형태를 갖추게 됐습니다.

그림 1_5 모듈식 신시사이저

---

1 오실레이터(VCO: Voltage Controlled Oscillator), 필터(VCF: Voltage Controlled Filter), 앰프(VCA: Voltage Controlled Amplifier) 등
2 여러 개의 모듈 장치를 연결해 케이블로 신호 회로를 만들고 각각의 노브(Knob)를 조절하여 소리를 합성해 내는 방식을 사용합니다.

1.3. 신시사이저의 구조

1.3.1. 신시사이저의 구조와 흐름

신시사이저는 다양한 소리 합성 방법이 있습니다. 대부분은 감산 합성의 원리를 따르고 그와 유사한 구조 및 신호의 흐름을 채용합니다. 따라서 신시사이저의 소리 합성은 감산 합성 방식을 이해하는 것이 중요합니다. 감산 합성 방식은 오실레이터에서 만들어내는 소리를 조각하듯 필터로 제거해 소리를 디자인하는 방법으로, 감산 합성 방식 신시사이저의 구조와 신호 흐름은 다음과 같습니다.

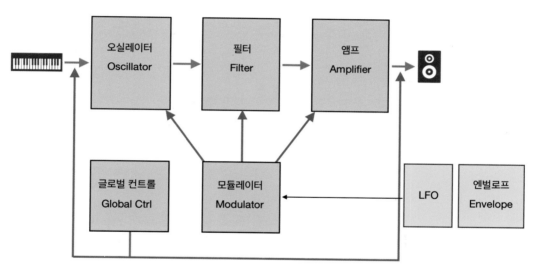

그림 1_6 신시사이저의 구조와 흐름

1.3.2. 오실레이터(Oscillator)

신시사이저의 오디오 신호는 소리 발진기인 오실레이터로 생성합니다. 신호의 유형이나 배음 구성이 다른 것을 선택할 수 있으며 기음과 배음의 음량 관계는 음색에 영향을 줍니다. 신시사이저에 따라 2개 또는 3개까지의 오실레이터를 제공합니다.

일반적으로 오실레이터의 기본 파형은 기음만 있는 사인파를 비롯해 기음과 배음의 구성에 따라 삼각파(Triangle Wave), 사각파(Square Wave), 톱니파(Sawtooth Wave)와 사각파의 변형인 PWM 등이 있습니다. 그 외 부가적으로 노이즈를 사용하기도 합니다. 기본 파형의 모양과 배음 관계는 다음과 같습니다.

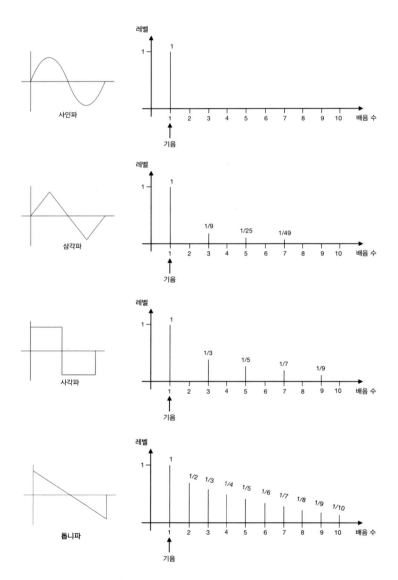

그림 1_7 오실레이터의 기본 파형

삼각, 사각파는 홀수 차에 톱니, PWM파는 홀수와 짝수 차 모두에 배음이 구성돼 있습니다.

따라서 배음 성분량은 톱니파 → PWM → 사각파 → 삼각파 순이며 사인파는 기음만 가집니다. 배음 성분이 많을수록 밝게 들리고 고주파(고음) 성분이 많아집니다. 화려하고 강한 음색을 구현할 때는 톱니파를 많이 사용합니다.

PWM은 사각파의 너비를 변형한 것으로 'Pulse Width Modulation'의 줄임말입니다. 사각파의 너비 비율은 50:50이고, PWM은 70:30, 20:80 등 다양한 너비 비율을 가질 수 있으며 신시사이저에 따라 PWM의 너비 비율을 조절할 수 있습니다. 80:20 → 70:30 → 50:50 순으로 비율에 따라 사운드의 배음량이 감소합니다.

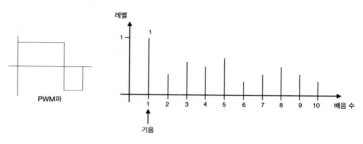

그림 1_8 오실레이터 파형 – PWM

1.3.3. 필터(Filter)

감산 합성 방식의 신시사이저에서 필터는 목적에 따라 오실레이터가 생성하는 파형의 일부(프리퀀시 스펙트럼)를 제거합니다. 화려한 음색을 가진 톱니파에 필터를 적용하면 날카로운 소리를 부드럽게 만들 수 있습니다. 필터를 적용할 때는 컷오프 프리퀀시(Cutoff Frequency)와 레저넌스(Resonance)를 사용합니다.

a. 필터의 종류

필터는 여러 종류가 있는데 일반적으로 많이 사용하는 필터는 다음과 같습니다.

- **하이패스(High Pass) 필터**: 높은 주파수는 통과하고 낮은 주파수는 줄어듭니다. 로우컷(Low Cut) 필터라고도 합니다.

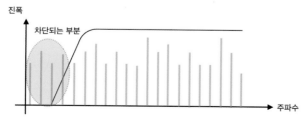

그림 1_9 하이패스 필터

- **로우패스(Low Pass) 필터**: 낮은 주파수는 그대로 통과하고 높은 주파수는 줄어듭니다. 하이컷(High Cut) 필터라고도 합니다.

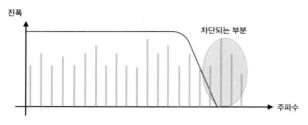

그림 1_10 로우패스 필터

- **밴드패스(Band Pass) 필터**: 특정 주파수대역의 주파수만 통과시킵니다.

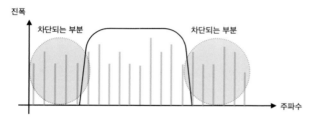

그림 1_11 밴드패스 필터

- **밴드리젝트(Band Reject) 필터**: 특정 주파수대역의 주파수만 차단합니다. 노치(Notch) 필터라고도 합니다. 반대로 특정 주파수대역만 강조하는 필터를 피킹(Peaking) 필터라고 합니다.

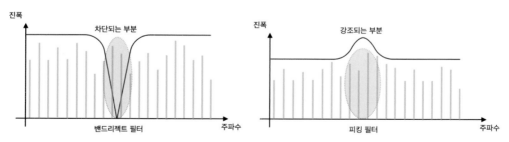

그림 1_12 밴드리젝트와 피킹 필터

b. 컷오프 프리퀀시(Cutoff Frequency)

패스와 차단 필터 사이에서 신호를 차단하기 시작하는 지점을 말합니다. 일반적으로 음량이 일정하다가 3dB이 저하되면서 경사를 만드는데 그 지점을 컷오프 프리퀀시라고 합니다.

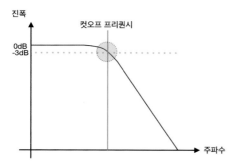

그림 1_13 컷오프 프리퀀시

c. 필터 슬로프 폴(Slope Pole)

'슬로프 폴'은 기울기 막대라는 뜻으로 필터를 얼마나 강하게 적용할 것인가를 정해줍니다. 일반적으로 폴 하나당 6dB/1옥타브의 차이를 만듭니다. 폴 수가 많을수록 깎이는 정도가 급격해집니다. 신시사이저에 따라 3개나 4개의 슬로프 폴을 제공합니다.

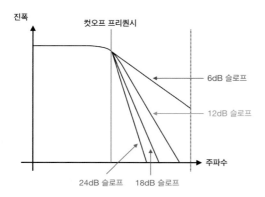

그림 1_14 필터 슬로프 폴

d. 레저넌스(Resonance)

레저넌스는 공명이란 뜻으로 컷오프 프리퀀시 부근의 신호를 증폭합니다. 필터 레저넌스를 사용하면 기본 파형의 형태(음색)가 변하는 데 매우 크게 증폭할 경우 필터는 독립적인 사인파 소리를 발진합니다.

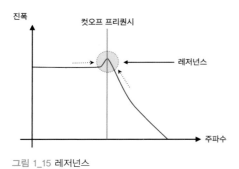

그림 1_15 레저넌스

1.3.4. 엔벌로프(Envelope)

a. 엔벌로프의 정의

엔벌로프는 시간에 따른 어떠한 것의 변화를 나타내는 곡선 그래프입니다. 엔벌로프에는 시간에 따른 음량의 변화를 나타내는 앰프 엔벌로프, 시간에 따른 음정의 변화를 나타내는 피치 엔벌로프, 시간에 따른 필터의 변화 즉 음색의 변화를 나타내는 필터 엔벌로프가 있습니다. 엔벌로프는 다음의 그림과 같이 어택 타임(Attack Time), 디케이 타임(Decay Time), 서스테인 레벨(Sustain Level), 릴리즈 타임(Release Time)이라는 구성 요소로 시간에 따른 변화를 제어합니다. 다음 그림은 앰프 엔벌로프의 예입니다.

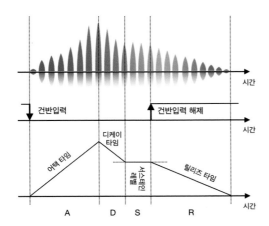

그림 1_16 엔벌로프 정의

- **어택 타임**: 소리 신호의 진폭이 0에서 100%(최대 진폭)까지 상승하는 데 걸리는 시간입니다.

- **디케이 타임**: 소리 신호의 진폭이 100%에서 지정한 서스테인 레벨까지 감소하는 데 걸리는 시간입니다.

- **서스테인 레벨**: 건반을 누르고 있을 때 생성되는 일정한 진폭 레벨입니다.

- **릴리즈 타임**: 누르고 있는 건반의 키를 놓았을 때 소리의 진폭이 서스테인 레벨에서 0까지 감소하는 데 걸리는 시간입니다.

신시사이저에 따라 어택 타임 다음에 '홀드(Hold) 타임'이 있는 엔벌로프도 있습니다. 홀드 타임은 어택의 최고치 진폭이 디케이되기 전에 일정한 값을 유지하며 머무는 시간입니다.

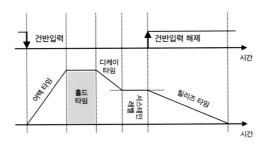

그림 1_17 홀드 타임

b. 악기별 엔벌로프의 모양

다음은 특징이 분명한 악기들의 앰프 엔벌로프의 예입니다.

• 타악기

빠른 어택과 디케이 타임, 서스테인 레벨: 0, 릴리즈 타임: 0

건반을 누르는 순간 소리가 나며 디케이를 지나 사라집니다.

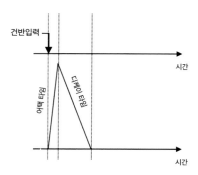

그림 1_18 타악기의 엔벌로프

• 오르간

어택 타임: 0, 디케이 타임: 0~최대치, 서스테인 레벨: 최대치, 릴리즈 타임: 0

건반을 누르는 순간 소리가 나며 디케이와 서스테인이 최대 음량의 상태를 일정하게 유지합니다. 건반의 키를 놓았을 때 소리는 바로 사라집니다.

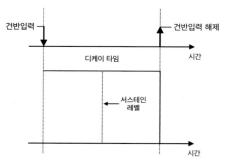

그림 1_19 오르간의 엔벌로프

• 현악기나 패드

아르코(Arco³) 주법의 현악기 연주나 일반적인 패드 소리는 천천히 시작하고 풍부한 잔향(릴리즈)을 드러낼 수 있도록 어택과 릴리즈 타임의 값을 다음의 그림과 같이 여유 있게 주어야 합니다.

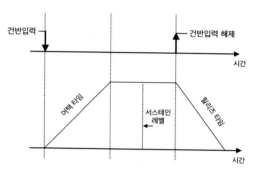

그림 1_20 현악기나 패드의 엔벌로프

그 외에 설정에 따라 다음의 그림과 같이 어택, 디케이, 릴리즈 타임이나 어택과 릴리즈 타임만 있는 엔벌로프 등 다양한 구성을 가진 모양을 만들어 낼 수 있습니다.

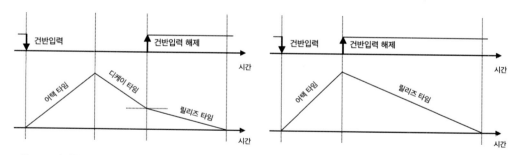

그림 1_21 다양한 엔벌로프 구성

참고로 앰프 엔벌로프는 X축이 시간이고, Y축이 음량인데 비해 피치 엔벌로프는 Y축이 피치이고, 필터 엔벌로프는 Y축이 컷오프 프리퀀시입니다. 필터 엔벌로프로 인한 음색 변화 즉, 모듈레이션은 따로 레저넌스 값이 추가될 때 좀 더 효과적입니다.

---

3 활로 현악기를 부드럽게 연주하는 것을 말하며 영어로는 보잉(Bowing)이라고 합니다.

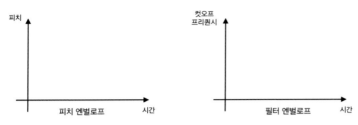

그림 1_22 다양한 엔벌로프

1.3.5. LFO

LFO는 'Low Frequency Oscillator'의 줄임말로 인간이 들을 수 없는 20Hz 이하의 저주파를 만들어내는 발진기를 말합니다. 저주파가 발진하는 소리는 들리지 않으나 다른 소리 신호의 움직임에 영향을 주어 떨리는 효과를 만듭니다. 최신 신시사이저에 내장된 LFO는 20Hz 이상의 주파수를 갖는 경우도 있습니다.

일반적으로 LFO에는 LFO가 생성하는 파형 주기의 속도를 설정하는 '레이트(Rate)'와 지정한 빠르기 BPM과 동기화시키는 'Sync' 모드를 제공합니다. 싱크(Sync) 모드를 활성화하면 1/2, 1/4, 1/8 등과 같은 노래의 박자에 어울리는 레이트를 만들며, 싱크 모드를 해제할 경우 레이트의 단위는 'Hz'로 표시되어 곡의 BPM과 상관없이 작동하게 됩니다. LFO는 신시사이저에서 제공하는 여러 개의 LFO를 위한 파형을 이용하거나 그 모양을 직접 디자인해 앞서 살펴본 엔벌로프와 마찬가지로 오실레이터, 필터, 앰프 등을 모듈레이션 할 수 있습니다. LFO에 트리거(Trigger) 모드가 있는 경우 그것을 활성화하면 건반의 연주가 끝난 시점과 상관없이 LFO 파형의 시작 위상은 처음으로 돌아갑니다. 다시 말해서 건반을 연주할 때마다 LFO는 처음부터 시작하여 할당된 대상에 항상 같은 모듈레이션 효과를 적용합니다.

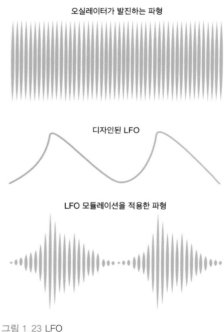

오실레이터가 발진하는 파형

디자인된 LFO

LFO 모듈레이션을 적용한 파형

그림 1_23 LFO

LFO는 기본적으로 악기의 비브라토 만들기를 비롯해 삼각파의 음정, 레이트를 LFO로 모듈레이션하여 구급차의 사이렌 소리 만들기, 옥타브의 변화와 주기적 레이트로 하우스 뮤직(House Music)의 8비트(Beat) 베이스 패턴 만들기, LFO의 BPM 싱크를 활성화하고 시간에 따른 레이트의 변화를 디자인하여 덥스텝(Dubstep) 장르의 움직이는 워블 베이스(Wobble Bass) 만들기 등으로 다양하게 활용할 수 있는 모듈레이터입니다.

1.3.6. 글로벌 컨트롤

글로벌 컨트롤은 신시사이저의 전체 출력 신호를 제어하는 섹션으로 마스터 볼륨, 튠(Tune), 벤더(Bender)의 범위, 포르타멘토(Portamento) 또는 글라이드(Glide), 보이스(Voices) 모드, 유니즌(Unison) 등을 제공합니다.

- **마스터 볼륨(레벨)**: 전체 출력 음량을 제어합니다.

- **튠**: 전체 소리의 음정을 제어할 수 있습니다. 신시사이저에 따라 음정과 관련된 파인(Fine), 센트(Cent), 세미톤(Semitone), 콜스(Coarse), 디튠(Detune) 등을 제공하기도 합니다. 세미톤은 반음, 센트는 세미톤의 1/100 음정 범위를 말합니다. 디튠은 음정을 미세하게 조절해 약간은 부정확한 튠을 만드는 행위를 말하는데, 미세한 음정 조절이 가능한 '파인'을 조절해서 디튠할 수 있습니다. 또한 유니즌의 설정으로 여러 개의 파형을 복사해 겹칠 때 디튠으로 겹쳐진 파형들의 펼침 정도를 조절할 수 있는데, 중심 튠을 기준으로 좁게 모일 때는 음정이 명확하지만 넓게 펴질 때는 소리가 넓어지며 음정이 흐릿해집니다. 콜스는 기본적으로 반음 단위로 튠을 조절합니다. 신시사이저에 따라 미세하게 튠 조절이 가능한 헤르츠(Hz) 단위의 콜스를 제공하기도 합니다.

- **벤더의 범위**: 벤더는 일반적으로 현악기의 벤딩(Beding) 주법을 표현하기 위해 사용하는 음정 제어 도구로 신시사이저의 피치 벤드 휠이 이에 해당합니다. 그 범위는 한 음 위, 아래가 기본값인데 신시사이저에 따라 1옥타브(12)나 3옥타브(32)까지 범위를 확장할 수 있습니다.

- **포르타멘토(글라이드)**: 한 음에서 다른 음으로 이동할 때 매끄럽게 미끄러지듯 연주하는 것을 말합니다. 신시사이저의 이 기능은 한 음이 다른 음으로 이어지듯 이동하는 데 걸리는 시간을 설정합니다.

- **보이스 모드**: 동시에 연주할 수 있는 음수와 관련된 몇 가지 모드를 제공합니다. 모노(Mono) 모드는 한 번에 한 음만 연주할 수 있으며 폴리(Poly)는 동시에 여러 음을 연주할 수 있는 모드입니다. 레가토(Legato) 모드는 모노 모드와 마찬가지로 한 번에 한 음만 연주할 수 있습니다. 다만 모노 모드일 때 한 음을 연주하고 다음 음을 연주하면 처음 음이 종료되지만, 레가토 모드일 때는 한 음을 연주한 후 이어서 다음 음을 연주하면 이전 음이 종료되지 않습니다. 모노, 폴리 모드는 포르타멘토 효과를 줄 때 음간의 연결과는 관계없이 포르타멘토 효과가 항상 적용되지만, 레가토 모드는 한 음과 다음 연주하는 음을 레가토 즉, 이어서 연주할 때만 포르타멘토 효과가 적용됩니다. 일반적으로 신시사이저에는 동시에 연주, 재생할 수 있는 보이스 수를 설정해주는 파라미터도 있습니다.

- **유니즌**: 동일 음을 여럿이서 동시에 연주하는 것을 말합니다. 신시사이저의 유니즌은 오실레이터가 발진하는 소리 신호를 여러 개로 복사하여 연주할 때 디튠과 함께 사용하면 넓고 풍부한 소리를 만들 수 있습니다.

- **키트랙(Key Track)**: 키 트래킹(Key Tracking)의 줄임말로 모듈레이션할 대상은 건반이 누르는 음에 따라 반응합니다. 키 트래킹을 필터와 연결하면 각각의 음을 누를 때마다 필터의 컷오프는 변합니다. 웨이브테이블(Wavetable) 신시사이저의 경우 웨이브테이블 포지션에 연결하면 각각 연주하는 음에 따라 포지션이 바뀌며 다른 파형을 발진합니다. 샘플링 (Sampling[4]) 기반의 신시사이저는 키와 상관없이 건반을 누를 때 샘플링 소스를 한 번만 연주하는 원샷(One Shot) 기능과 키에 따라 샘플링 소스의 음정을 다르게 연주하는 키 트래킹 모드를 함께 제공하기도 합니다.

---

4 아날로그 신호 파형을 일정 시간 간격으로 추출하는 것을 말합니다. 아날로그 신호의 디지털화는 표본화(Sampling), 양자화(Quantization), 부호화(Encoding)의 과정을 거칩니다.

1.4. 신시사이저의 합성 방식

이어서 앞에서 소개한 기본적인 신시사이저 합성 방법 외의 합성 방식을 소개하겠습니다. 기타 합성 방식들은 가장 많이 사용하는 감산 합성 방식과 함께 보조적으로 차용하여 사용할 때도 있으니 간단하게라도 알아두면 다양한 신시사이저(플러그인)의 사운드 합성을 위해 도움이 됩니다.

1.4.1. 감산(Subtractive)

감산 합성 방식은 말 그대로 오디오 신호 파형에 필터를 이용해 특정 주파수대역을 빼서 음색을 만드는 방법입니다. 자세한 내용은 앞에서 소개한 '1.3. 신시사이저의 구조'를 참고하세요.

1.4.2. 가산(Additive)

아무것도 없는 상태에서 음량이나 주파수가 다른 여러 개의 사인파를 결합하는 방식으로 특정 주파수 대역을 빼는 감산 합성 방식의 반대 개념입니다. 음량이 다른 다양한 사인파의 결합은 추가적인 배음을 만들어 냅니다. 따라서 가산 합성 방식이 만들어내는 소리는 사인파 및 배음들의 집합입니다. 최초의 전자악기로 알려진 텔하모늄을 비롯해 하몬드 오르간 등 전자 오르간류가 가산 합성 방식에 속하는 대표적인 악기입니다. 전자 오르간은 톤 휠(오실레이터 역할을 합니다)을 통해 배음을 조절하여 음색을 변조합니다. 다양한 소리를 만들기 위해 많게는 주파수가 다른 수천 개의 사인파가 필요하기 때문에 다양한 소리를 만들어내야 하는 신시사이저로서는 실용적이지 못합니다.

1.4.3. FM(Frequency Modulation)

캐리어(Carrier) 오실레이터의 주파수를 모듈레이터 오실레이터의 주파수로 변조해 새로운 형태의 파형을 만들어내는 주파수 변조 방식입니다. 두 개 또는 그 이상의 오실레이터의 주파수 변조 관계가 정수배면 협화음적 배음을 만들어 내지만, 그렇지 않은 경우 불협화음적 배음군이 형성되어 괴상한 소리를 생성합니다.

FM 방식의 신시사이저는 금속적인 소리나 벨(Bell), 전자피아노(Electric Piano) 톤을 만들기에 적합합니다. 야마하 DX7과 NI 사가 만든 소프트웨어 FM8이 FM 방식을 사용하는 대표적인 신시사이저입니다.

그림 1_24 야마하 DX7

1.4.4. 위상 왜곡(Phase Distortion)

위상 왜곡 합성 방식은 첫 번째 파형과 두 번째 변조파의 위상 각도를 다양하게 변형하여 소리를 만들어내는 방식으로 FM 방식과 유사합니다. 이 방식의 대표적인 신시사이저는 1984년에 처음 출시한 카시오(Casio) CZ 시리즈입니다.

1.4.5. 웨이브테이블(Wavetable)

웨이브테이블 합성은 사인파, 톱니파 등 기본 파형으로 소리를 만드는 이전 신시사이저의 한계를 극복하기 위해 1980년대 초에 만들어진 것입니다. 다양한 단일 주기의 파형을 파형 테이블에 배치해 뒀다가 필요에 따라 골라내어 사용하는 방식으로 필터, 엔벌로프, LFO 등으로 모듈레이션할 수도 있습니

그림 1_25 PPG 웨이브(Wave) 2

다. 대표적인 웨이브테이블 방식의 신시사이저는 PPG 사가 만든 하이브리드(Hybrid[5]) 디지털/아날로그 신시사이저인 'PPG 웨이브(Wave)'가 있습니다. 웨이브테이블 방식은 이후 PPG와 왈도르프 뮤직(Waldorf Music) 사가 제작한 신시사이저의 보조 합성 방식으로 채용됐으며 현재까지도 PPG와 왈도르프 뮤직 사가 만든 가상 신시사이저에서 사용합니다.

5 복합, 혼합

1.4.6. PCM, S&S

1980년대 중반 이후 디지털 신시사이저의 주요 합성 방식은 PCM(Pulse Code Modulation[6]), S&S(Sample & Synthesis), 디지털 웨이브 등 샘플링 기반의 합성 방식을 사용합니다. PCM 기반의 신시사이저는 어쿠스틱 피아노, 현악기 등을 표현하는 데 유용합니다. 대표적인 S&S 신시사이저는 1988년 첫 출시한 코르그 M1입니다. NI 사의 콘탁(Kontakt) 기반 어쿠스틱 가상 악기들은 이에 속합니다.

1.4.7. 물리적 모델링(Physical Modeling)

어쿠스틱 악기를 최대한 재현하기 위해 만들어진 방식으로 S&S 방식에서 발전한 형태입니다. 악기의 특성을 물리적으로 분석한 다음 이를 수학적으로 모델링한 것을 PCM 기반의 샘플에 적용해 모듈레이션합니다. 다른 합성 방식의 신시사이저에 비해 좀 더 사실적이고 섬세한 소리를 표현하기에 적합합니다. 대표적인 신시사이저는 코르그 사의 OASYS와 크로노스(Kronos), 야마하 VL1, 롤랜드 V-Piano 등이 있습니다.

1.4.8. 벡터(Vector)

1987년 시퀀셜 서킷(Sequential Circuits)에서 출시한 프로펫(Prophet) VS 신시사이저로 인해 알려진 방식으로 코르그 사의 웨이브스테이션(Wavestation), 야마하 SY22도 이 방식을 채용한 신시사이저입니다. 일반적으로 사 방향에 위치한 4개의 오실레이터를 조이스틱으로 이동 시켜 음색의 변화를 만들어내며 X축과 Y축의 극점으로 배열돼 있습니다. 때에 따라 엔벌로프나 LFO를 사용해 벡터 평면을 통한 동적인 소리의 혼합을 만들어 내기도 합니다.

---

6 아날로그 소리 신호를 디지털 신호로 전환해 전송하는 것을 말합니다.

ABCD 사 방향
오실레이터 조이스틱

그림 1_26 프로펫 VS

애플(Apple) 사에서 출시한 컴퓨터 음악 제작 도구인 '로직 프로 X(Logic Pro X)'의 내장 신시사이저인 'ES2'는 보조적인 합성으로 벡터 방식을 채용하고 있습니다.

루프
시퀀서

X, Y축
벡터 평면

X, Y축
소스 설정

그림 1_27 로직 프로 X의 내장 신시사이저 ES2

02. 회원가입 페이지에서 Username(사용자 아이디), Full name or
    artist name(사용자 이름 또는 아티스트 이름), Email(이메일 주소),
    Password(암호) 정보를 기입하고 [Sign Up] 버튼을 클릭합니다. 화면
    중간에 웹 사이트를 설명하는 그림이 나오면 오른쪽 아래에 있는 화살표
    를 눌러서 진행합니다.

그림 2_2 스플라이스 가입하기

03. Get started 그림이 나오면 아래에 있는 [See your Home] 버튼을 클
    릭합니다.

04. 스플라이스 가입을 완료했으면 상단에 있는 메뉴에서 Plugins를 클릭합
    니다. Plugins에서는 스플라이스를 통해 구입하거나 구독할 수 있는 플
    러그인들을 보여줍니다. 화면 중간에 있는 Rent-to-Own Essentials

그림 2_3 [See your Home] 버튼 클릭

에는 구독하여 사용할 수 있는 플러그인들이 나와 있습니다. 이 중에서 Serum을 클릭합니다.

그림 2_4 스플라이스 플러그인

05. 세럼에 대한 간략한 설명과 구독 비용($9.99/mo.)이 보이면 [Start free trial] 버튼을 클릭합니다.

그림 2_5 Start free trial 버튼 클릭

06. 카드 정보를 입력하면 첫 3일은 무료로 세럼을 사용할 수 있습니다. 3일 안에 취소하면 구독이 시작되지 않으므로 구독비를 지불하지 않아도 됩니다. 취소하지 않고 그대로 두면 매달 $9.99가 카드에서 지불되며 구독이 시작됩니다. 카드 정보를 기입하고 [Start for free] 버튼을 클릭합니다.

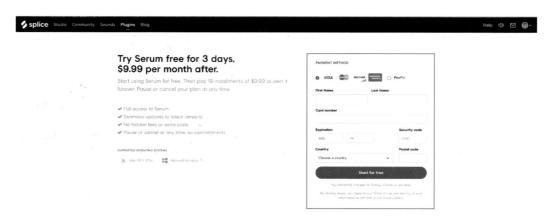

그림 2_6 카드 정보 입력 및 세럼 구독하기

07. 플러그인을 구독하여 사용할 때는 스플라이스 앱을 내려받아야 합니다. [Download the desktop app] 버튼을 클릭해 스플라이스 앱을 내려받습니다. 그리고 아래로 스크롤을 내리면 세럼을 설치하는 방법과 사용하는 방법에 관한 간략한 설명이 있습니다. 사용자의 운영체제 환경에 맞게 설치 파일이 내려받아지므로 안내에 따라 스플라이스 앱을 설치합니다.

그림 2_7 스플라이스 앱 설치

08. 설치가 완료되면 스플라이스 앱이 자동으로 실행되고 그림 2_8과 같은 화면이 나옵니다. Tool – Plans 아래에 구독하고 있는 플러그인 이름이 나오며 이름 오른쪽에 있는 [Install] 버튼을 클릭하면 해당 플러그인이 설치됩니다. Serum 오른쪽에 있는 [Install] 버튼을 클릭해 세럼을 설치하면 세럼의 다운로드 진행 상황을 확인할 수 있습니다.

그림 2_8 세럼 내려받기

09. 세럼의 다운로드가 완료되면 설치가 시작됩니다. [Continue] 버튼을 클릭해 설치를 계속 진행합니다.

그림 2_9 세럼 설치 진행

10. 라이센스 동의 여부를 묻는 창이 나오면 가장 오른쪽에 있는 [Agree] 버튼을 클릭합니다.

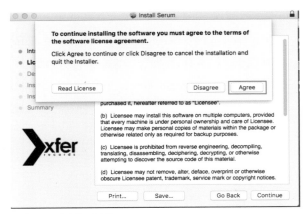

그림 2_10 라이센스 동의

11. 설치 경로를 바꿀 수 있는 창이 나오지만 특별한 이유가 없다면 변경하지 않고 오른쪽 아래에 있는 [Install] 버튼을 클릭해 설치를 완료합니다.

그림 2_11 세럼 설치 완료

12. 설치가 완료되면 스플라이스 앱에서 세럼의 오른쪽에 있는 버튼이 [Update]로 바뀐 것을 확인할 수 있습니다. 가장 최근 버전을 설치했기 때문에 업데이트를 클릭할 필요는 없습니다. 나중에 세럼 업데이트가 뜨면 클릭하여 가장 최근 버전의 세럼을 사용할 수 있습니다.

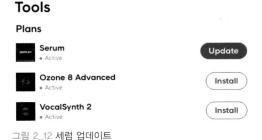

그림 2_12 세럼 업데이트

2.3.2. 노이즈(NOISE) 오실레이터

세럼의 노이즈 오실레이터는 전형적인 화이트 노이즈를 발진하는 것 이외에도 많은 기능이 있습니다.

노이즈 메뉴

웨이브테이블 메뉴와 비슷하게 디폴트 프리셋인 AC hum1을 클릭하면 팝업 메뉴에서 다양한 노이즈를 선택할 수 있습니다.

그림 2_34 노이즈 메뉴

원 샷/루핑(One Shot/Looping)

원 샷의 전원 버튼은 '오른쪽 화살표' 아이콘입니다. 비활성화하면 샘플이 무제한으로 재생되며 노트를 누르고 있는 동안 계속 반복 재생 (Looping)됩니다. 활성화하면 노트를 유지하고 있는 것과는 별개로한 번만 재생되고, 샘플 파일의 끝에 이르러 멈춥니다. 원 샷 기능은 타악기 소리를 표현할 때 효과적입니다.

페이즈(PHASE)

노이즈 오실레이터의 페이즈 노브는 오실레이터의 페이즈 노브와 같은 개념이지만 일반적인 샘플러에 있는 '샘플 스타트(Sample Start)'로 생각하는 것이 편합니다. 노이즈 오실레이터의 페이즈 노브 위치는 그 웨이브 파일을 재생할 때 그 파일의 어느 부분에서부터 재생이 시작되는지를 결정하기 때문입니다.

그림 2_35 노이즈

RAND

오실레이터의 무작위 노브와 같은 개념입니다. 무작위 양을 늘리면 노트가 연주될 때마다 같은 소리를 재생하는 것을 방지할 수 있습니다.

키트랙 전원(Keytrack Switch)

피아노 모양의 아이콘이 키트랙 전원입니다. 노트가 음정에 영향을 끼치는지를 결정합니다. 활성화하면 PITCH 노브 값은 st(세미톤)으로 표시됩니다.

피치(PITCH)

피치 노브는 노이즈 오실레이터의 기음/주파수를 결정합니다. 키트랙이 비활성화일 때 디폴트 값 50%
는 불러오는 소리 파일의 음정을 말합니다(Analog > ARP circuit를 선택하고 피치 노브를 돌려 음정
의 변화를 확인해 보세요).

샘플러(Sampler)

노이즈 오실레이터는 모노 또는 스테레오 웨이브 파일을 사용합니다. 사용자
가 직접 샘플 파일을 넣어 사용할 수 있습니다. 세럼의 오른쪽 위에 있는 주 메
뉴에서 'Show Serum Presets folder'를 클릭하면 열리는 사용자의 컴퓨터 경
로 창에서 'Noises' 폴더를 열면 노이즈 오실레이터의 웨이브 파일 프리셋 폴
더가 있습니다. 이곳에 폴더를 생성하고 샘플 파일을 저장하면 노이즈 오실레
이터에서 불러와 사용할 수 있습니다. 또는 웨이브 파일을 컴퓨터에서 바로 노
이즈 오실레이터의 메뉴로 드래그 앤 드롭(Drag and Drop)할 수도 있습니다.

그림 2_36 샘플러

이때 주의할 점은 이렇게 만들어진 사용자의 웨이브 파일은 세럼 프리셋 파일을 다른 작업자에게 공유
할 때 같이 포함되지 않는다는 것입니다. 다른 작업자가 공유한 프리셋을 열 때는 프리셋을 생성할 때
와 같은 컴퓨터의 경로에 해당 파일이 있어야 합니다. 만약 파일이 해당 경로에 없을 때는 경고 문구가
나옵니다.

2.3.3. 필터 모듈(Filter Module)

필터 모듈은 하나 또는 여러 개의 오실레이터에 각각 적용할 수 있으
며, 왼쪽 아래에 있는 버튼을 사용해 오실레이터와 연결할 수 있습니다
(A: OSC A, B: OSC B, N: NOISE 오실레이터, S: SUB 오실레이터).
모든 모듈이 그렇듯 왼쪽 상단에 위치한 모듈의 전원은 켜져 있어야 합
니다.

필터 타입

필터 모듈의 상단에서 디폴트 값인 'MG Low 12'를 클릭하면 필터 타입
을 선택할 수 있는 팝업 메뉴가 나옵니다. 또한 필터 이름 오른쪽에 있
는 <, > 버튼을 클릭해 타입을 바꿀 수도 있습니다.

그림 2_37 필터

필터 디스플레이

디스플레이를 클릭하면 노트가 연주될 때 필터의 페이즈 반응을 확인할 수 있습니다.

컷오프(CUTOFF)

필터의 컷오프 주파수를 설정하는 노브입니다. 키트랙 전원(왼쪽 아래에 있는 피아노 모양의 아이콘)이 활성화될 때 미디 노트에 따라 컷오프 주파수가 영향을 받습니다.

그림 2_38 필터 디스플레이

RES

RES 노브는 레저넌스, 즉 컷오프 주파수 부근을 증폭해 왜곡시키는 정도를 조절합니다. 노이즈 오실레이터만 활성화한 다음 오른쪽 그림과 같이 필터 모듈을 설정하고 노트를 연주해 보세요.

- FILTER/N/키트랙 전원: 활성화, RES: 최대치, 필터 타입과 나머지는 디폴트

레저넌스를 최대치로 설정했기 때문에 노이즈 소리와 함께 나는 증폭된 소리는 음정의 변화가 확연해집니다.

드라이브(DRIVE)

그림 2_39 RES 설정

필터 회로로 들어오는 음량을 증가시킵니다. 약간의 부드러운 디스토션(Distortion) 효과를 더할 수 있습니다.

팻(FAT)

팻 노브 부분은 필터 타입의 설정에 따라 기능이 변합니다.

- Normal – FAT

- Multi > LH/LB/LP/LN/HB/HP/HN/BP/BN/PP/PN/NN는 듀얼 필터입니다. 첫 번째 알파벳이 주요 필터이고, 두 번째는 보조 필터입니다(예를 들어 BP = Band + Peak). FAT 노브가 FREQ(필터의 컷오프 주파수를 제어) 노브로 바뀌며 보조 필터와 연결됩니다.

- Multi > LBH/LPH/LNH/BPN는 3가지 필터를 혼합하여 사용하는 필터입니다(예를 들어 BPN = Band + Pass + Notch). FAT 노브 자리는 3가지 필터를 혼합하기 위한 MORPH로 변경됩니다.

그 외 Flanges, Misc 등의 다양한 타입에 따라 해당 필터의 컷오프 주파수 영역이나 모양 변형이 가능한 노브를 제공합니다(LP FREQ, HP FREQ, HL WID, DB +/−, SPREAD, DAMP, BOEUF, THRU, FORMNT, WIDTH, COMBFRQ, SCREAM).

믹스(MIX)

믹스 노브는 필터의 웻(Wet)과 드라이(Dry) 양을 결정합니다[10]. MIX 문자를 클릭하면 LEVEL로 바뀝니다.

2.3.4. 이펙트(Effects)

세럼은 동시에 사용이 가능한 10개의 이펙트 모듈을 제공합니다. 모듈들은 필요에 따라 순서를 재배열할 수 있습니다. 상단에 있는 FX 탭을 클릭하면 왼쪽에 10개의 이펙트 이름과 랙(Rack)을 확인할 수 있습니다. 이펙트를 활성화하려면 이펙트 랙에서 각 이펙트의 왼쪽 끝에 있는 전원 버튼을 클릭합니다.

그림 2_40 이펙트

---

10 Wet은 효과의 적용을 뜻합니다. MIX 노브가 0일 때는 100% 드라이이며, 효과가 적용되지 않습니다. 노브가 100일 때는 웻이 100%이며 효과가 100% 적용됩니다.

신호의 흐름

모든 오실레이터와 필터의 출력 신호는 FX 모듈을 거쳐 마스터 볼륨으로 출력됩니다. FX 모듈에서 신호는 이펙트 랙의 순서에 따라 위에서부터 아래로 이동합니다. 각각의 이펙트 랙 오른쪽 끝에 있는 양방향 화살표 모양의 버튼(↕)은 이펙트의 순서를 이동할 수 있음을 의미합니다. 이펙트 랙을 클릭한 다음 이동하면 순서를 재배치할 수 있습니다.

이펙트의 공통 제어 노브

그림 2_41 이펙트 공통 제어

- **이펙트 설정 저장**: 각 이펙트 모듈의 이름 오른쪽에 삼각형 모양 버튼(▼)을 누르면 사용자가 설정한 이펙트 값을 저장할 수 있습니다.

- **믹스(MIX)**: EQ를 제외한 모든 이펙트의 믹스 노브는 이펙트의 가장 오른쪽에 위치합니다. 웻/드라이양을 설정합니다.

- **바이패스(Bypass)**: 이펙트 모듈의 오른쪽 끝에 있는 전원 버튼은 우회(Bypass)로 활용할 수 있습니다. 소리에 이펙트가 영향을 미치는지 일시적으로 확인할 때 사용할 것을 권장합니다. 영구적으로 이펙트를 사용하지 않을 때는 왼쪽 끝에 있는 각 이펙트 랙의 전원 버튼을 사용하는 것이 좋습니다. 이펙트 랙의 전원 버튼을 끄면 오른쪽에 있는 이펙트 모듈도 사라집니다.

그림 2_42 FX 모듈레이션

- **FX 파라미터 모듈레이션**: 일반적인 오실레이터와 필터 제어를 모듈레이션하는 것과 비슷하게 FX의 거의 모든 파라미터를 모듈레이션 할 수 있습니다. 단 신호의 흐름상 전체적인 출력에 영향을 주기 때문에 주의해야 합니다.

하이퍼(HYPER)

하이퍼는 보이스 수의 제어를 이용한 마이크로-딜레이 코러스(Micro-Delay Chorus) 이펙트입니다. 모든 미디 노트에 반응하여 작동하기 때문에 유니즌 기능과 비슷한 효과를 만들 수 있습니다.

그림 2_43 하이퍼, 디멘션

- **레이트(RATE)**: 하이퍼를 적용하면 보이스의 음정이 올라가거나 내려갈 수 있는데 이때 떨리는 속도를 결정합니다.
- **디튠(DETUNE)**: 하이퍼를 통해 생긴 보이스의 음정 변화 폭을 설정합니다.
- **리트리거(RETRIG)**: 활성화하면 모든 보이스의 음정 변화가 0으로부터 다시 시작합니다. 일반적으로는 활성화하여 사용할 일이 없지만, 모노포닉(Monophonic[11]) 소리를 디자인할 경우 유용할 수 있습니다.
- **유니즌(UNISON)**: 하이퍼 효과를 만드는 보이스의 수를 결정합니다.
- **믹스(MIX)**: 하이퍼 이펙트만의 믹스 노브로 하이퍼 이펙트를 사용하지 않고 디멘션 이펙트만 사용할 경우 믹스는 0%로 설정하는 것을 권장합니다.

디멘션(DIMENSION)

디멘션은 4개의 딜레이를 사용하는 스테레오 이펙트와 유사합니다. 위상을 벗어나게 하는 것과 앰플리튜드 모듈레이션이 적용되어 소리에 미세한 변화를 주는데 이로 인해 스테레오 이펙트와 유사한 효과를 만듭니다. 모노 신호에 스테레오 느낌을 더할 때 유용합니다.

- **사이즈(SIZE)**: 지연 시간의 길고 짧음을 설정합니다.
- **믹스(MIX)**: 디멘션도 자신만의 믹스 노브를 갖고 있습니다. 0%일 경우 디멘션 효과는 없습니다.

디스토션(DISTORTION)

디스토션은 오디오 파형을 변형시키는 플러그인입니다. 입력되는 오디오 시그널을 최대로 끌어 올려 클리핑하게 만드는데, 이때 규칙적이거나 불규칙적인 배음이 추가되어 사운드가 '따뜻'해지거나 '거칠'어지는 느낌을 줍니다. 디스토션 모듈은 사용자가 직접 디자인할 수 있는 2개의 모드를 포함한 총 14개의 디스토션 모드를 제공합니다.

그림 2_44 디스토션

---

11 단선율, 단일음향

- **모드**: 디폴트 모드인 'Tube' 부분을 클릭하면 디스토션 모드 목록을 볼 수 있습니다. 또는 목록을 보지 않고 <> 버튼을 클릭해 모드를 선택할 수 있습니다.

- **오프(OFF)/프리(PRE)/포스트(POST) 전원**: 이 전원은 프리-디스토션 또는 포스트-디스토션으로 설정하는 필터를 활성화합니다.

- **F(Frequency: 주파수)**: 필터 디스플레이 아래쪽에 위치한 F의 숫자는 필터의 컷오프 프리퀀시를 설정합니다.

- **Q(Resonance: 레저넌스)**: 필터의 레저넌스 값을 설정합니다.

- **로우패스(LP)/밴드패스(BP)/하이패스(HP)**: 디스토션 필터의 타입을 설정합니다. 로우와 밴드 또는 밴드와 하이패스를 혼합할 수도 있습니다.

그림 2_45 디스토션 웨이브 셰이퍼

- **드라이브(DRIVE)**: 디스토션의 양을 결정하며 일반적으로 입력되는 소리의 음량을 증가시킵니다. DRIVE 노브 오른쪽에 있는 그림은 디스토션의 드라이브양에 따른 파형의 변화 형태(Wave Shape)를 보여줍니다. 디스토션 모드가 X-Shaper 또는 X-Shaper(Asym)일 때 드라이브 노브는 두 개 파형의 혼합 비율을 결정합니다.

- **크로스 셰이퍼(X-Shaper) FX 모듈**: 크로스 셰이퍼는 '듀얼 크로스 페이드(Dual Cross Fade) 웨이브 셰이퍼'입니다. 드라이브 노브는 앞서 언급했듯이 2개의 웨이브 셰이프 그래프의 혼합(Blend) 양을 결정합니다(드라이브 값 0%는 웨이브 셰이프 A, 100%는 웨이브 셰이프 B). 디스토션에서 웨이브 셰이프를 선택하면 'EDIT A'와 'EDIT B' 버튼이 디스토션 타입 아래에 나타납니다. 이 버튼을 클릭하면 웨이브 편집 창이 생성됩니다. 편집 창의 X(가로) 축은 입력 레벨을 Y(세로) 축은 입력값에 따른 출력값을 설정할 수 있습니다. 이를 더블클릭해 직접 디자인하거나 아래에 위치한 프리셋을 활용할 수도 있습니다.

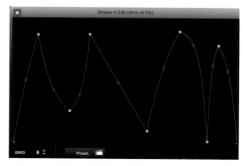

그림 2_46 웨이브 셰이퍼 편집창

- **엑스 셰이퍼(X-Shaper)**: 대칭 웨이브 셰이퍼입니다. 엑스 셰이퍼 모드일 때 드라이브 노브의 오른쪽에 있는 그래프에서 왼쪽 가장 아랫부분은 무음을, 오른쪽의 제일 윗부분은 가장 높은 레벨(입력과 출력값이 0dB)을 나타냅니다.

- **엑스 셰이퍼(Asym)**: 비대칭 웨이브 셰이퍼입니다. 이 경우에는 그래프의 정 가운데가 무음을, 오른쪽 제일 윗부분이 가장 높은 레벨을 나타냅니다. 비대칭 디스토션은 일반적인 대칭 디스토션에서 찾아보기 힘든 짝수 배의 배음을 증폭시키는 기능이 있습니다. 이런 방식은 하나의 극이 디스토션될 때 다른 극에서는 상대적으로 디스토션되지 않는 기타 앰프 방식에서 찾아볼 수 있습니다.

그림 2_47 엑스 셰이퍼

- **PLATE/HALL 전원**: 적용할 리버브의 종류를 선택하는 두 가지 전원입니다.

- **크기(SIZE)**: 방의 크기를 설정합니다(PLATE & HALL 공통).

- **로우컷(LOW CUT)**: 리버브 걸린 소리의 저주파수 대역부터 감소시킵니다. 일반적인 로우컷 필터와 유사합니다(PLATE & HALL 공통).

- **하이컷(HIGH CUT)**: 리버브 걸린 소리의 고주파수 대역부터 제거합니다. 일반적인 하이컷 필터와 유사합니다(PLATE & HALL 공통).

그림 2_53 리버브 PLATE

- **프리 딜레이(PRE DELAY)**: 리버브가 발생하기 전까지의 시간을 밀리초(ms)로 표시합니다. 프리 딜레이를 사용하면 큰 공간에서 사운드가 사용자 바로 앞에서 발현되는 현상을 만들 수 있는데, 이는 원래의 소리를 리버브와 분리해 딜레이나 에코와 비슷한 현상을 만들 수 있습니다(PLATE 선택 시).

- **댐프(DAMP)**: 리버브의 고주파수 대역을 제거합니다. 노브는 얼마나 빠르게 고주파수 대역을 제거하는지 결정합니다(PLATE 선택 시).

- **위드(WIDTH)**: 리버브의 스테레오 이미지를 넓히거나 줄여줍니다(PLATE 선택 시).

그림 2_54 리버브 HALL

- **디케이(DECAY)**: 리버브의 시간을 설정합니다(HALL 선택 시).

- **스핀(SPIN)**: 리버브 신호의 음정에 영향을 주기 위해 LFO(리버브에 내장된)의 주기(Rate)를 조절합니다(HALL 선택 시).

- **스핀 뎁스(SPIN DEPTH)**: 리버브 신호의 음정에 영향을 주기 위한 LFO(리버브에 내장된)의 변화 범위입니다(HALL 선택 시).

이큐(EQ)

이큐는 수치로 제어할 수 있는 각 3개의 노브를 가진 2개의 밴드를 사용합니다. 중앙에는 필터 모양을 선택할 수 있는 버튼이 있으며 왼쪽 밴드는 저주파수 대역을 조정하는데 사용하는 로우 셸프(Low Shelf), 피크(Peak), 하이패스 필터이고, 오른쪽 밴드는 고주파수 대역을 조정하는데 사용하는 하이 셸프(High Shelf), 피크, 로우패스 필터입니다.

그림 2_55 EQ

· **FREQ**: 각 이큐 밴드의 주파수 대역을 설정합니다.

· **Q**: 각 이큐 밴드의 레저넌스를 설정합니다.

· **게인(GAIN)**: 각 이큐 밴드의 게인을 dB 단위로 올리거나 내립니다.

필터(FILTER)

OSC 탭에서 찾을 수 있는 필터와 같은 방식이지만 이 필터는 마스터 이펙트로서 작동합니다. 자세한 내용은 '2.3.3. 필터 모듈(Filter Module)'을 참고하세요.

2.4.2. 모듈레이션 매트릭스(MATRIX) 창

세럼을 포함한 많은 소프트웨어 신시사이저는 모듈레이션 매트릭스를 가지고 있습니다. 모듈레이션 매트릭스는 여러 모듈레이션 연결 경로와 그 값 등을 보여줍니다. 세럼만의 독특한 점은 모듈레이션 매트릭스와 드래그 앤드 드롭 모듈레이션 경로 만들기 방식을 동시에 보유하고 있다는 것입니다. 모듈레이션할 소스를 드래그하여 노브에 놓으면 이 연결 관계는 매트릭스에도 나타나며, 매트릭스 안에서 연결 관계를 만들어도 노브에서 확인할 수 있습니다. 이러한 점은 모듈레이션 할당을 확인하거나 생성하고 제어할 때 편리합니다.

그림 2_59 매트릭스

소스(SOURCE)

모듈레이션 소스를 선택합니다. 다음의 몇 가지 모듈레이션 소스는 매트릭스 안에서만 존재합니다(드래그할 타일이 없음).

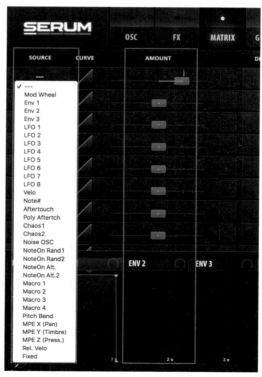

- 애프터터치(Aftertouch): 건반의 키를 누른 상태에서 키에 미치는 압력 값입니다. 키를 누른 상태에서 그 압력을 달리할 때 그 입력값을 피치와 연결하면 비브라토 효과를 만들 수 있습니다. 채널 프레셔(Channel Pressure)의 두 가지 타입 중에서 모노 프레셔(Mono Pressure)에 해당합니다.

- 폴리 애프터터치(Poly Afterch): 모노 프레셔는 누르고 있는 키들이 세게 누른 값을 공유하지만, 폴리 애프터터치는 각각의 노트들이 독립적으로 애프터터치 효과에 반응합니다.

그림 2_60 매트릭스 소스와 어마운트

- **카오스(Chaos) 1과 2**: 카오스는 글로벌 탭에 있습니다.

- **NoteOn Rand1**: 노트를 연주할 때마다 무작위 값이 생성되어 연결된 대상(DESTINATION)에 영향을 미칩니다.

- **NoteOn Rand2**: 1과 같은 기능이며 1과 2를 동시에 사용하면 미디 노트를 연주할 때마다 두 개의 무작위 값이 생성됩니다.

- **NoteOn Alt. Alt.2**: 노트를 연주할 때마다 연결된 대상(DESTINATION)의 모듈레이션 값에 영향을 줍니다. 'Alt'는 짝수 패턴에서 두 번째만 모듈레이션 값이 적용되며 'Alt.2'는 그 반대입니다.

- **노이즈 오실레이터(Noise OSC)**: 노이즈 오실레이터의 출력도 모듈레이션 소스로 사용할 수 있습니다. 노이즈 오실레이터의 음정을 낮추면 LFO 타입의 카오스 이펙트가 됩니다.

- **피치 벤드(Pitch Bend)**: 피치 벤드 값을 사용하여 모듈레이션에 적용할 수 있습니다.

- **Rel.Velo**: 릴리즈 벨로시티 정보를 받아서 모듈레이션 소스로 사용합니다. 로직과 같은 DAW에서 릴리즈 벨로시티를 설정한 후 세럼의 ENV 1에서 긴 릴리즈 값을 주면 'Rel. Velo'가 할당된 대상에서 그 변화를 관찰할 수 있습니다.

- **고정값(Fixed)**: ENV나 LFO처럼 디자인에 따라 변화하는 값이 아니라 'Fixed' 즉 변화하지 않는 고정된 것을 소스로 사용합니다. 단지 어마운트 값에 따라 할당된 대상에 모듈레이션 합니다.

어마운트(AMOUNT)

모듈레이션할 값의 양을 설정합니다. 중앙을 기준으로 +/− 의 값을 설정할 수 있습니다.

데스티네이션(DESTINATION)

클릭하면 나타나는 팝업 메뉴에서 모듈레이션 소스 값이 영향을 줄 대상을 선택할 수 있습니다.

타입(TYPE)

소스가 영향을 줄 모듈레이션 값이 한 방향인지(오른쪽을 향하는 화살표로 표기) 양방향인지(왼쪽과 오른쪽을 동시에 향하는 화살표로 표기) 결정합니다. 드래그 앤 드롭을 사용하여 모듈레이션 경로를 만들 때 할당될 제어노브 값이 가운데 있는지 아닌지에 따라 초기

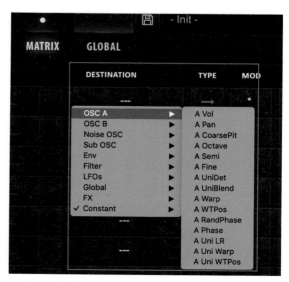

그림 2_61 데스티네이션

타입이 결정됩니다. 예를 들어 중앙에 위치한 팬 노브에 모듈레이션 소스를 드래그 앤드 드롭하면 모듈레이션 소스가 팬을 왼쪽에서 오른쪽으로 조정하기 위해 양방향 타입이 설정됩니다. 또는 필터 레저넌스와 같이 노브 값이 중앙에 있지 않은 곳에 모듈레이션을 할당하면 세럼은 그 모듈레이션에 값을 더하기 위해 모듈레이션 타입을 한 방향으로 설정합니다. 사용자는 화살표 모양을 클릭하여 방향을 바꿀 수 있습니다.

> **TIP** 매트릭스 창을 사용하지 않고서도 OSC 창에서 모듈레이션이 연결된 노브의 후광을 shift + option(윈도우는 Alt) + 클릭하면 한 방향/양방향 타입을 바로 변경할 수 있습니다.

MOD

MOD의 * 표시가 있는 곳을 클릭하면 나타나는 메뉴에서는 모듈레이션 할당을 조정할 수 있는 몇 가지 보너스를 제공합니다.

그림 2_62 MOD

- ***:** 디폴트 값입니다. 2개의 모듈레이션 소스가 있다면 하나의 소스가 다른 하나의 모듈레이션 범위를 설정합니다. 예를 들어 LFO 1이 소스(SOURCE)이고 모드 휠이 보조 소스(AUX SOURCE)일 때 모드 휠이 0 이상의 값을 보내지 않으면 LFO 1은 작동하지 않습니다.
- ***(inv):** 위와 같으나 두 번째 소스가 반전되어 작동합니다. 위의 예를 다시 적용하면 모드 휠이 최댓값을 보낼 때 모듈레이션이 작동하지 않고 최솟값일 때는 모듈레이션이 최대가 됩니다.
- **바이패스(Bypass):** 해당 매트릭스에 설정된 모듈레이션 효과가 적용되지 않습니다.

AUX SOURCE

AUX SOURCE는 또 다른 하나의 소스입니다. 'Mod Wheel'을 선택할 경우 제어하는 도구가 되고, LFO 1과 같은 것을 선택한다면 주요 소스에 또 하나의 소스를 추가하는 것입니다.

2.5. 엔벌로프

세럼은 모듈레이션 소스로 사용할 수 있는 3개의 엔
벌로프를 제공합니다(왼쪽 아래에 위치한 ENV 1,
ENV 2, ENV 3). 첫 번째 엔벌로프인 ENV 1은 앰프
엔벌로프이며 필요하다면 다른 파라미터에도 연결할
수 있습니다. 엔벌로프 그래프 위쪽에 있는 ENV 1,
ENV 2, ENV 3의 각 이름을 클릭하면 그 엔벌로프를
보거나 수정할 수 있는데 하나가 선택돼 있을 때 모듈
레이션으로 연결된 다른 소스 엔벌로프의 그래프는
회색으로 표시됩니다.

그림 2_63 선택된 엔벌로프

2.5.1. 엔벌로프를 파라미터에 할당하기

해당 ENV 타일을 클릭한 다음 연결할 대상 노브로 드
래그 앤 드롭합니다. ENV 1은 기본적으로 앰프와 연
결돼 있기 때문에 일반적으로 부가적인 모듈레이션 소
스는 ENV 2, ENV 3를 주로 사용합니다. 소스로 설
정된 엔벌로프의 그래프 모양은 연결된 대상을 시간
에 따라 변화시킵니다. 예를 들어 ENV 2를 드래그 앤
드 드롭 방식을 이용해 OSC A의 LEVEL 노브에 연결
합니다. 이때 LEVEL 값은 0으로, 모듈레이션 할당량
은 최대치로 설정합니다. 그 다음 ENV 2의 그래프에
서 ATTACK을 2.00s로 길게 설정한 다음 미디 노트
를 연주하면 설정한 어택 타임에 따라 서서히 변하는
LEVEL 값을 볼 수 있습니다.

그림 2_64 ENV 2 시간에 따른 변화와 디스플레이 모드

2.5.2. 엔벌로프 디스플레이 모드

엔벌로프는 두 가지 '줌(Zoom) 디스플레이 모드'가 있습니다. 엔벌로프 오른쪽 위에 있는 자물쇠 모양의 버튼이 이 모드를 결정합니다.

- **잠긴 상태(자물쇠 버튼 활성화):** 엔벌로프는 항상 디스플레이 전체를 꽉 채웁니다. 다시 말해서 엔벌로프가 디스플레이에 딱 맞도록 자동으로 확대/축소됩니다.
- **풀린 상태:** 자물쇠 아래에 있는 줌 부분을 드래그해 엔벌로프 디스플레이의 줌 레벨을 조정할 수 있습니다.

엔벌로프에 대한 설명은 이미 PART 01에서 설명했으니 '1.3.4. 엔벌로프(Envelope)'를 참고하기 바랍니다.

2.6. LFOs

2.6.1. LFO 그래프 디자인

세럼은 각각의 독립적인 4개의 LFO를 제공합니다. LFO 1, 2, 3, 4의 각 이름을 선택하면 LFO를 보거나 편집할 수 있습니다. 또한 이름에 적힌 타일을 클릭하여 다른 제어 노브와 연결할 수 있습니다. 마찬가지로 드래그 앤드 드롭 방식을 사용합니다. LFO의 그래프는 다음과 같은 방법으로 모양을 디자인할 수 있습니다.

그림 2_65 LFOs

- 더블클릭: 점(Point)을 더하거나 제거합니다.

- shift + 클릭: 그래프 바탕의 눈금(Grid)에 맞춰 선이 그려집니다.

- option(윈도우는 Alt) + 클릭 + 드래그 점: 점을 눈금에 정확하게 맞춰 이동할 수 있습니다.

- option(윈도우는 Alt) + 클릭 + 커브(Curve) 점: 모든 커브 점을 동시에 이동시킬 수 있습니다.

- 배경 클릭 + 드래그: 여러 점을 동시에 선택할 수 있습니다.

- command(윈도우는 Ctrl) + 클릭 + 드래그 점: 선택된 각 점의 색이 다르며 상대적으로 이동합니다. 이것은 클릭한 점과 가까운 점을 더 움직이게 하고 멀리 있는 점은 덜 움직이게 합니다.

- 마우스 오른쪽 버튼 클릭: 추가 기능의 팝업 메뉴가 나타납니다. 'Flat', 'Ramp Down', 'Ramp Up' shift + 클릭하여 눈금에 따라 만들 수 있는 것과 관련된 메뉴입니다. 그 외에 선택된 점의 시작을 만들거나 제거하는 등 다양한 그래프 모양 만들기를 위한 메뉴가 있습니다.

2.6.2. 그리드(GRID)

LFO 그래프의 눈금 크기 또는 수를 결정합니다. 이 숫자를 바꾸면 눈금이 변합니다. 이는 shift + 클릭과 option(윈도우는 Alt) + 클릭과 같이 눈금에 붙는(Snap) 그래프를 만들 때 유용합니다.

그림 2_66 LFO 제어 1

2.6.3. 열기/저장 폴더

폴더 아이콘을 클릭하면 팝업 메뉴가 나타납니다. 세럼에서 제공하는 여러 가지 LFO 그래프 프리셋을 찾을 수 있습니다(기존의 그래프는 덮어쓰기 됨). 메뉴 아래쪽에 있는 'Save Shape'는 LFO의 모양을 저장하여 나중에 다시 불러올 수 있게 합니다.

2.6.4. 모드(MODE)

새로운 노트가 연주될 때 LFO를 작동하는 방법을 설정하며 다음과 같습니다.

그림 2_67 LFO 제어 2

- **TRIG**: LFO를 재시작합니다. 새로운 노트가 연주될 때 LFO는 그래프의 처음부터 시작합니다.

- **ENV**: TRIG 모드와 비슷하지만 LFO가 그래프의 오른쪽 끝에 도달하면 멈춥니다. 엔벌로프처럼 한 번만 재생합니다.

- **OFF**: 노트의 새로운 연주와는 상관없이 LFO가 작동합니다.

2.6.5. 기타 스위치 및 파라미터

- **BPM**: 전원을 켜면 곡의 BPM에 동기화되어 동작합니다. 오른쪽에 있는 RATE의 값은 Bar 또는 박자 단위로 표시됩니다.

- **ANCH**: LFO가 작동할 때 레이트를 바꾸면 LFO 그래프의 재생 지점이 ANCH의 활성 여부에 따라 달라집니다. 예를 들어 1/4 레이트로 설정된 LFO를 작동할 때 세 번째 박자에서 그 레이트를 1bar로 오토매이션한다면 LFO는 새로운 페이즈의 중간부터 재생됩니다. 그 페이즈의 중간 지점이 1마디 길이 페이즈의 세 번째 박자 위치이기 때문입니다(ANCH 전원이 켜져 있을 때). 앵커를 비활성화한다면 작동하는 LFO는 레이트가 변화하는 그래프상의 지점에서 아무런 변화없이 재생됩니다.

- **TRIP/DOT**: BPM 전원이 활성화돼 있을 때 RATE 값의 박자 단위에 셋잇단음과 부점을 추가할 수 있습니다.

- **레이트(RATE)**: LFO의 재생 속도를 설정합니다. 다른 말로 한다면 LFO의 전체 그래프 영역의 시간을 말해줍니다. BPM의 전원이 꺼져 있을 때는 곡의 BPM과는 상관없이 자유롭게 헤르츠(Hz) 값으로 설정됩니다.

· **라이즈(RISE):** LFO 그래프의 모양이 LFO의 출력에 영향을 주는 데 걸리는 시간을 결정합니다. 예를 들어 라이즈 값을 2bar로 설정하고 노트를 재생한다면 LFO의 모듈레이션 효과는 시작하지만, 그 소스가 할당된 노브의 후광(모듈레이션 효과 값) 값은 2bar 동안 서서히 최곳값에 도달합니다.

· **딜레이(DELAY):** 라이즈가 시작하기까지의 시간을 말합니다. 즉 라이즈는 설정한 딜레이 값만큼 시작을 지연합니다.

· **스무드(Smooth):** LFO 효과가 출력될 때 점프하는 것을 방지하며 LFO 그래프의 시작과 끝을 부드럽게 합니다.

> **TIP** 하나의 LFO 타일을 option(윈도우는 Alt) + 클릭 + 드래그하여 다른 LFO 타일로 가져다 두면 선택한 LFO의 설정이 복사됩니다.

2.7. MOD, MACRO, VELO, NOTE

세럼 아래쪽의 가장 왼쪽과 오른쪽에 위치한 MOD, MACRO, VELO, NOTE를 살펴보겠습니다.

그림 2_68 세럼 하단

2.7.1. MOD

MOD를 다양한 파라미터에 할당하면 키보드 왼쪽 아래에 위치한
모듈레이션 휠을 모듈레이션 제어 소스로 사용할 수 있습니다.

2.7.2. 매크로(MACRO)

매크로는 모든 파라미터에 할당 가능하며 모듈레이션 소스를 단독
또는 그룹으로 맵핑할 수 있습니다. 또한 DAW의 오토메이션에 할
당하여 연결된 모듈레이션 소스를 제어할 수도 있습니다.

그림 2_69 매크로

2.7.3. VELO

VELO의 곡선을 디자인하고 모듈레이션 소스에 연결하면 미디 노트의 벨
로시티(Velocity)에 따른 모듈레이션 소스의 변화를 만들 수 있습니다.

2.7.4. NOTE

미디 노트의 음정에 따라 모듈레이션 소스의 변화를 만들 수 있습니다.
그 정도는 곡선을 디자인하여 조절합니다.

그림 2_70 보이싱 & 포르타멘토

2.8. 보이싱 & 포르타멘토(Voicing & Portamento)

세럼의 오른쪽 아랫 부분에 VOICING 섹션이 있습니다. VOICING 섹션에서는 여러 음을 한 번에 어떻게 연주할지 설정할 수 있습니다.

2.8.1. 모노(MONO)

모노를 선택하면 동시에 하나의 음만 연주할 수 있습니다. 또한 엔벌로프/LFO는 새로운 음이 연주될 때마다 처음으로 돌아가서 다시 시작합니다.

그림 2_71 보이싱

2.8.2. 레가토(LEGATO)

레가토는 음을 이어서 연주할 때 구분됩니다. 엔벌로프/LFO는 모노와 같이 새로운 음이 연주될 때마다 처음으로 돌아가지만, 한 음을 연주하고 다음 음을 이어서(레가토) 연주할 때는 처음으로 돌아가지 않고 엔벌로프/LFO의 그래프대로 이어서 재생됩니다.

2.8.3. 폴리(POLY)

동시에 얼마나 많은 음을 재생할지 설정합니다. 때때로 컴퓨터 CPU의 성능을 고려하여 동시에 발현되는 음의 수를 재현하기도 합니다. 일반적으로는 8로 설정되며, 16은 조금 많은 편입니다. 모노 전원이 켜지면 이 상자는 회색으로 변합니다.

그림 2_72 보이싱

POLY 아래쪽에는 연주하고 있는 수(왼쪽)와 설정한 수(오른쪽)가 표시됩니다. 단 OSC A, B의 전원이 켜진 상태라면 한 음을 연주할 때 2개로 표시됩니다. SUB, NOISE 오실레이터의 전원도 마찬가지입니다. 4개의 오실레이터가 켜져 있고 두 개의 음을 동시에 연주한다면 8개로 표시됩니다. 또한 설정된 수는 최초 8개에서 32개로 표시됩니다.

2.8.4. PORTA

포르타멘토 타임을 설정하는 노브입니다. 포르타멘토는 한 음과 다른 음 사이를 미끄러지듯 글라이드 (Glide)하는 것을 말합니다. 주로 MONO 모드에서 유용하며 EDM 장르의 리드(Lead) 악기를 표현할 때 빈번히 사용됩니다.

- **올웨이즈(ALWAYS)**

  노트를 연주할 때마다 설정한 포르타멘토 효과가 모든 음에 적용됩니다.

- **커브(CURVE)**

  포르타멘토 되는 곡선의 커브를 설정합니다.

- **SCALED**

  활성화 상태일 때 PORTA에 설정된 시간 값은 1옥타브 음정에 맞추어 글라이드(Glide) 속도가 조절됩니다. 1옥타브보다 좁은 음정은 글라이드 속도가 빨라지며 1옥타브 이상일 때는 느려집니다.

2.9. 글로벌 페이지 설정(Global Page Settings)

모든 글로벌 설정은 프리셋/패치와 함께 저장됩니다. 단 프리퍼런스(PREFERENCES)의 변경 사항은 저장되지 않습니다.

2.9.1. 오실레이터 설정(Oscillator Settings)

오실레이터 설정은 오른쪽 위에 있습니다.

그림 2_73 오실레이터 설정

- **OSC A/B 전원**: 각각의 오실레이터가 각 음정에 따라 연주될 수 있게 해주는 기본적인 피치 트래킹(PITCH TRACKING) 전원입니다. 비활성화일 때는 연주되는 음정에 상관없이 항상 같은 소리를 냅니다.

- **노이즈 파인(NOISE FINE)**: 노이즈 오실레이터의 센츠(Cents)를 조절할 수 있습니다. 노이즈 오실레이터의 키트랙(피아노 아이콘)이 활성화돼 있을 때 또는 노이즈 오실레이터의 음이 확실하지 않을 때 유용한 기능입니다.

- **퀄리티(QUALITY)**: 세럼 신시사이저 엔진의 오버샘플링(Oversampling)을 설정할 수 있습니다. 기본적으로 2x로 설정돼 있으며 4x는 좀 더 높은 CPU 성능을 요구합니다.

2.9.2. 카오스(CHAOS) 1/2

카오스 1과 카오스 2는 다른 타입의 LFO입니다. 하나 또는 두 개를 동시에 들으려면 매트릭스에서 도착점(DESTINATION)을 필터 컷오프로 설정하고 소스(SOURCE)에서 카오스 1 또는 2를 찾아 설정합니다. OSC A와 FLITER가 활성화된 상태이며 매트릭스의

그림 2_74 카오스

해당 어마운트(AMOUNT) 값도 올려줍니다. 연주해서 들어보면 카오스 소스에 따른 변화가 나타납니다. 먼저 카오스 1은 조금 더 주기적(반복적)이며 양극을 가지고 있습니다. 카오스 2는 조금 더 혼란스러운 소리를 만들어 냅니다. 아날로그 오실레이터의 음정을 따라 하는 것처럼 작고 미세한 변화를 줄 때 유용합니다.

- **카오스 BPM SYNC**: 카오스는 말 그대로 예측할 수 없지만, BPM Sync 전원을 활성화하면 RATE의 단위가 박자와 Bar로 변하며 곡의 BPM과 동기화되어 작동합니다.

- **카오스 모노(MONO)**: 비활성화하면 모든 보이스가 각자 각각의 카오스 오실레이터를 갖게 됩니다. 그러나 때때로 모든 보이스가 같은 카오스 모션을 공유해야 할 때가 있습니다(필터 컷오프를 조정할 때 모든 음들이 같은 카오스 동작에 영향을 받는 것이 자연스러울 수 있습니다). 이러한 이유로 모노 전원을 활성화하면 '보이싱'이 하나의 카오스 오실레이터로부터 영향을 받습니다.

- **S&H(Sample and Hold)**: 이 기능을 활성화하면 카오스 오실레이터가 발진할 때 파형의 흐름에 일부분을 잡아서 대기시키므로 각진 소리를 만들어냅니다.

2.9.3. 유니즌(UNISON)

OSC A와 OSC B의 유니즌 설정을 조금 더 자세하게 할 수 있습니다.

- **범위(RANGE)**: 세미톤 단위로 오실레이터의 디튠 노브의 범위를 0에서 48까지 설정할 수 있습니다. 디폴트 값은 2 세미톤입니다. 왼쪽은 OSC A, 오른쪽 값은 OSC B를 위한 설정값입니다. 값의 변화에 따른 소리를 듣기 위해서는 유니즌 보이스 수가 2 이상이어야 하며 디튠이 된 상태여야 합니다.

- **너비(WIDTH)**: 유니즌 보이스의 스테레오 패닝(Panning) 값을 설정합니다. 0은 모든 보이스가 가운데, 100은 보이스가 가능한 만큼 패닝 됩니다. 왼쪽 숫자는 OSC A의 유니즌 패닝, 오른쪽은 OSC B의 유니즌의 패닝을 조절할 수 있습니다.

그림 2_75 유니즌

- **워프(WARP)**: 유니즌과 워프(OSC A 또는 B의 Warp)가 연결돼 있고 유니즌 수가 최소 2개 이상일 때 각각의 보이스에 대한 워프 값(워프 오프셋)을 조절할 수 있습니다. 왼쪽은 OSC A의 유니즌, 오른쪽은 OSC B의 유니즌을 위한 워프 값에 영향을 줍니다.

- **WT POS**: 워프 모드와 비슷하나 오프셋이 유니즌 보이스가 아닌 웨이브테이블 포지션(WT POS)에 영향을 미칩니다. 예를 들어 OSC A 프리셋에서 Analog > Jno를 불러오겠습니다. 그 다음 유니즌은 3으로 설정하고 하나의 노트를 연주하고 있는 상태에서 글로벌 탭의 UNISON > WT POS 왼쪽 값을 올려보면 OSC A의 Jno 소리가 처음의 소리에서 다른 소리로 변하는 것을 알 수 있습니다. 이는 Jno의 보조 파형들입니다. 오프셋이 넓어지면서 주변에 있는 파형의 소리까지 함께 들리는 것입니다.

- **스택(STACK)**: 유니즌 보이스들이 음정을 연주할 때 일부 보이스의 음정을 다르게 하여 쌓는 다양한 옵션을 제공합니다. 디폴트 값은 'OFF'로 모든 보이스는 같은 음정을 연주합니다. '12(1x)' , '12(2x)', '12(3x)' 등의 옵션은 짝수 번째의 보이스를 1

워밍업

EDM에서 사용되는 악기별 기본 사운드들을

가볍게 만들어 봅니다.

3.1. 리드(Lead)의 기본과 강력한 슈퍼 쏘우(Super Saw)

리드 악기의 소리를 만들 때 가장 기본적인 형태로, 기본 파형 중 톱니파를 이해하기에 좋은 연습입니다.

■ OSC A 설정

01. **OSC A 전원 ON, 파형 Default**

    일명 슈퍼 쏘우라고 불리는 리드 악기는 일반적으로 톱니파를 많이 사용합니다.

02. **RAND : 0**

    톱니파가 연주될 때 항상 같은 위상에서 시작하여 일정한 소리를 냅니다.

그림 3_1 OSC A 설정

■ OSC B 설정

01. **OSC B 전원 ON, 파형 Default, RAND : 0**

    OSC A와 B는 항상 같은 파형 주기의 위치에서 재생되며 파형끼리 서로 간의 위상 제거가 일어나지 않아 일정한 사운드를 유지할 수 있습니다.

02. **OCT : +1**

    OSC A보다 한 옥타브 높은 음을 더하여 음역대를 넓히면 더욱 풍부하고 강력한 소리를 만들 수 있습니다.

그림 3_2 OSC B 설정

■ SUB 설정

01. SUB 전원 ON, 파형은 네번째 톱니파를 선택합니다.

02. OCTAVE : −1

그림 3_3 SUB 설정

이제 연주할 때마다 OSC A, B 그리고 SUB의 톱니파 소리가 3옥타브 음역대의
꽉 찬 소리를 만들어 냅니다. 톱니파는 배음이 풍부하고 날카로운 면이 있기 때문에
각각의 다른 옥타브를 설정함으로써 강력한 리드 악기 소리 만들 수 있습니다.

■ FX 설정

01. REVERB 전원 ON, 디폴트 HALL, SIZE : 32, DECAY : 4.9s, LOW CUT : 50, HIGH CUT : 85, SPIN : 0,
SPIN DEPTH : 0, MIX : 45

이 설정은 앞서 만든 톱니파 소리에 공간감을 더하여 좀 더 풍부하고 웅장한 사운드를 만들어 냅니다. 너무 큰 공간감은
강한 소리를 흐릿하게 만들 수 있기 때문에 SIZE와 DECAY의 설정은 중간 크기의 공간감을 만들어 냅니다. 리버브 설
정으로 생긴 저음역대와 고음역대의 필요 없는 울림을 제거해 줌으로써 일반적으로 노트가 가장 많이 연주되는 중간 음
역대의 공간감을 살려줍니다. SPIN과 SPIN DEPTH는 가장 작게 설정해 공간감이 좌우로 번져나가는 효과를 최소화
합니다.

그림 3_4 FX 설정

■ 활용 팁

OSC B의 FIN 값을 20 정도로 설정하면 고주파수 영역대의
톱니파들이 퍼져 나가며, 기존의 슈퍼 쏘우보다 약간 더 불분
명(Fuzzy)한 사운드를 만들 수 있습니다.

그림 3_5 OSC B의 FIN 값 설정

3.2. 거친 소리의 더티 리드(Dirty Lead)와 포르타멘토 효과

톱니파를 기반으로 한 슈퍼 쏘우보다 약간 더 거친 소리의 리드입니다. 포르타멘토의 설정은 단선율을
연주할 때 멋진 글라이드 효과를 만들 수 있습니다.

■ OSC A 설정

01. OSC A 전원 ON, Digital > Dist d00t

배음 구조가 톱니파보다 약간 더 복잡하여 정제되지 않은 소리를 냅
니다.

그림 3_6 OSC A 설정

■ OSC B 설정

01. OSC B 전원 ON, Digital > Gritty

OSC A의 'Dist d00t' 파형보다 좀 더 거칠며 굵는 듯한 소리를 만드
는 데 유용합니다.

02. OCT : +1

OSC B의 옥타브 설정은 OSC A에 고음역대 배음을 더해 줍니다.

03. UNISON : 12, DETUNE : 0.12, BLEND : 86, 나머지는 디폴트
로 설정합니다.

UNISON, DETUNE, BLEND의 설정은 배음 구조를 한층 더 넓고
복잡하게 만들어 거칠고 강한 소리를 만들어 냅니다.

그림 3_7 OSC B 설정

■ ENV 2 설정

01. ATTACK : 107ms, DECAY : 175ms, SUSTAIN : 43.59%,
나머지는 디폴트입니다.

그림 3_8 ENV 2 설정

■ 모듈레이션 설정

01. ENV 2의 이름 왼쪽에 있는 사 방향 화살표를 드래그하여 OSC B의 DETUNE에 할당합니다.

모듈레이션 방향은 그림과 같이 한 방향으로 설정돼야 합니다. 만약 양방향이면 DETUNE 노브를 'option (윈도우는 Alt) + shift 클릭'해 그림과 같이 노브 주위의 파란색 선이 노브가 가리키는 곳에서 시작하여 시계방향으로 그려지게 합니다.

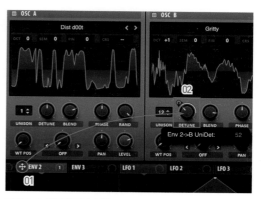

02. DETUNE의 모듈레이션 어마운트 값은 드래그하여 52로 설정합니다.

그림 3_9 모듈레이션 설정

노트가 연주될 때 DETUNE 값은 52만큼 순간적으로 증가하여 더욱 거친 소리를 낸 다음 ENV 2의 DECAY 값에 따라 감소하며 소리를 안정시킵니다.

■ VOICING 설정

01. MONO 활성화

한 번에 한 음을 연주할 수 있으며 화성은 연주할 수 없습니다.

02. PORTA : 125ms

포르타멘토를 설정하면 연속해서 연주하는 음 사이에 글라이드 효과를 적용할 수 있습니다.

그림 3_10 VOICING 설정

■ FX 설정

01. REVERB 전원 ON, 디폴트 HALL, SIZE : 55, DECAY : 5.0s, LOW CUT : 100 HIGH CUT : 35, 나머지는 디폴트입니다.

SIZE와 DECAY의 설정은 충분한 공간감을 만들며 LOW CUT 100%는 리버브가 사운드의 선명성을 해치지 않도록, 특히 중저음역대에서 리드의 선명함을 유지할 수 있도록 만들어 줍니다.

그림 3_11 FX 설정

■ 활용 팁

ENV 2의 서스테인 값을 0으로 설정하면 OSC B의 디튠 값이 보다 작아지기 때문에 다소 음이 정확한 리드 악기가 됩니다. 반대로 100으로 설정하면 음이 약간 부정확하게 들려서 독특한 음악적 효과를 만들 수 있습니다.

그림 3_12 ENV2의 서스테인 값 설정

3.3. 일반적인 부드러운 패드(Pad)

일반적으로 패드는 어택이 느리고 부드러우며 악기들의 빈 부분을 은근히 그러나 풍부하게 채워줍니다.

■ OSC A 설정

01. OSC A 전원 ON, 파형 Default(톱니파), UNISON : 6, DETUNE : 0.41, BLEND : 65

6개의 유니즌에 디튠과 블렌드를 조절해서 소리가 조금 퍼져나가게 만

듭니다. 유니즌들의 거리는 피치의
차이를 나타내며 짝수 개의 유니즌
을 사용할 때 두 개의 유니즌은 기
준음이 됩니다. 예를 들어 A4를 연

주하면 단지 440Hz의 소리만을 내지 않고 두 개의 기준음이 436Hz
와 444Hz의 음을 각각 연주하여 소리가 더 퍼져서 들리는 효과를 만
듭니다.

02. RAND : 0

항상 같은 페이즈에서 시작하여 같은 사운드를 만들게 합니다.

그림 3_13 OSC A 설정

■ OSC B 설정

01. OSC B 전원 ON, OCT : +1, FIN : 11

한 옥타브를 올려주면 노트가 연주될 때 OSC A의 소리에 더해져 넓
은 음역대와 배음을 가진 소리를 만듭니다. FIN을 11로 설정하는 것은
세밀한 음정의 변화를 통해 소리를 풍부하게 만들고 독특한 느낌을 더
해줄 수 있기 때문입니다.

02. UNISON : 6, DETUNE : 0.32, BLEND : 63

이는 OSC A와 비슷하게 소리가 퍼져나가게 하는 설정입니다.

그림 3_14 OSC B 설정

■ FX 설정

01. REVERB 전원 ON, 나머지는 디폴트입니다.

소리를 부드럽게 울리게 합니다.

그림 3_19 FX 설정

■ 활용 팁

필터의 종류를 바꾸면 전체 소리의 변화가 생깁니다. 필터를 Band 24로 바꾸면 저주파수가 제거되어 조금 더 선명해지는 동시에 고주파수 대역은 덜 필터링되어 전체 사운드가 약간 밝아집니다. 로우패스 필터보다 약간 더 집중력 있는 사운드를 만들 수 있습니다.

그림 3_20 FILTER 변경

3.4. 펄스파를 활용한 아날로그 신스 느낌의 패드(Pad)

일반적인 패드보다는 약간 거친 소리를 만듭니다. 아코디언 소리와 비슷한 아날로그 신스의 느낌을 줍니다.

■ OSC A 설정

01. **OSC A 전원 ON, Analog > PWM C64, 나머지는 디폴트입니다.**

이 파형은 펄스파(사각파) 계열로 톱니파보다는 배음이 적어 날카로운 소리가 덜 하고 '옹' 하고 공명하는 듯한 소리를 냅니다. 수학적으로 완전히 계산되어 만들어 낸 파형보다는 아날로그 신스의 느낌을 만들 때 효과적입니다.

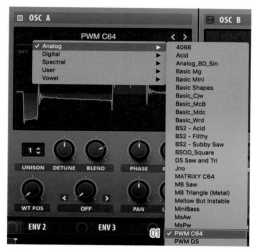

그림 3_21 OSC A 설정

■ FILTER 설정

01. **FILTER 전원 ON, MG Low 12, 나머지는 디폴트입니다**
02. **CUTOFF : 1098Hz**

1kHz 이상의 고음역대 배음만을 제거하여 부드럽지는 않지만 덜 날카로운 사운드를 만들어 줍니다.

■ 모듈레이션 설정

01. ENV 2를 선택하면 나오는 이름 왼쪽의 사 방향 화살표를 클릭해 FILTER의 CUTOFF에 할당합니다. 모듈레이션 방향은 한 방향입니다. 적용할 모듈레이션 어마운트는 13으로 설정합니다.

그림 3_22 FILTER 설정

그림 3_23 모듈레이션 설정

■ ENV 2 설정

01. ATTACK: 962ms, RELEASE: 1.25s

전형적인 패드와 같이 1초 가까이 되는 ATTACK을 주어 FILTER의 컷오프 프리퀀시를 서서히 올립니다. 이는 어택 타임에 따라 배음이 추가되는 동시에 소리를 서서히 밝아지게 합니다. RELEASE도 길어서 필터가 서서히 닫힙니다.

그림 3_24 ENV 2 설정

■ ENV 1 설정

01. ATTACK: 1.10s, RELEASE: 946ms

ENV 2가 FILTER의 CUOFF를 모듈레이션 할 때 변화하는 소리를 충분히 들을 수 있는 설정입니다. 느린 ATTACK/RELEASE는 페이드 인/아웃 효과를 만들어 주는 패드의 일반적인 엔벌로프 형태입니다.

그림 3_25 ENV 1 설정

▪ FX 설정

01. FX는 CHORUS, REVERB 순이고 각각의 설정은 디폴트입니다. 전원은 잊지말고 켜주세요.

CHORUS는 소리를 퍼지게 하고 REVERB는 울림을 만들어 주어 전체 소리가 한결 부드럽고 풍부해집니다.

그림 3_26 FX 설정

▪ 활용 팁

OSC A의 WT POS를 조정하면 파형의 변화를 파형 디스플레이에서 확인할 수 있으며 사운드는 조금 더 부드러워집니다. 128로 설정하면 약간 부드럽게, 256으로 설정하면 가장 부드럽게 소리를 변화시킬 수 있습니다.

그림 3_27 OSC A의 WT POS 조정

3.5. 톱니파를 사용한 기본 플럭(Pluck)

플럭은 현악기의 줄을 튕기는 것을 의미합니다. 세럼을 이용해 일반적인 플럭 소리를 만들어 보겠습니다. 중요한 것은 어택감 있는 엔벌로프의 설정입니다.

■ OSC A 설정

01. **OSC A 전원 ON, 파형 Default**

    플럭 소리는 일반적으로 어택에 많은 배음을 가지고 있는 경우가 많기 때문에 톱니파를 사용해 디자인하는 것이 좋습니다.

그림 3_28 OSC A 설정

■ ENV 1 설정

01. **DECAY : 175ms, SUSTAIN : -∞, 나머지는 디폴트입니다.**

    플럭은 기타 소리와 비슷해서 서스테인이 없고 디케이가 바로 릴리즈로 이어집니다. 디케이와 서스테인을 위와 같이 설정함으로써 플럭의 기본 ADSR 형태를 만들 수 있습니다.

그림 3_29 ENV 1 설정

■ ENV 2 설정

01. DECAY : 275ms, SUSTAIN : 0%, 나머지는 디폴트입니다.
필터 CUTOFF에 적용될 엔벌로프이며 플럭 소리를 디자인하
는 데 가장 중요한 부분입니다. DECAY 275ms는 ATTACK
0.5ms 동안 배음이 통과한 다음 필터를 닫는 데 걸리는 시간으
로 플럭 소리를 만들 때 가장 크게 영향을 미치는 설정입니다.

그림 3_30 ENV 2 설정

■ FILTER 설정

01. FILTER 전원 ON, MG Low 12(디폴트)

02. CUTOFF : 30Hz, 나머지는 디폴트 값입니다.
필터가 OSC A에 적용될 수 있도록 A가 활성화돼 있는지 확인합니다.

그림 3_31 FILTER 설정

■ 모듈레이션 설정

01. ENV 2를 필터의 CUTOFF 노브에 모듈레이션 할당한 다음 어마운트 값은 63
을 줍니다.
모듈레이션 어마운트 값이 많으면 많을수록 더 밝은 플럭을 만들 수 있습니다. 드래
그로 어마운트 값을 정확하게 설정하기 힘들 때는 MATRIX 탭의 AMOUNT 슬라
이더를 더블클릭해 미세한 값을 설정할 수 있습니다. 이는 GLOBAL 페이지 설정
에서 여덟 번째 문항인 더블클릭에 관한 전원이 켜져 있어야 합니다.

그림 3_32 모듈레이션 설정

■ FX 설정

01. DELAY 전원 ON, FEEDBACK : 29, BPM 활성화, LEFT : 1/16, RIGHT : 1/16, Right Offset : 1,257, F : 672, Q : 6.3, PING - PONG 활성화, MIX : 20

그림 3_33 FX DELAY 설정

딜레이의 사용은 플럭 소리를 더욱 풍성하게 합니다. 오른쪽 채널의 Right Offset 값을 미세하게 달리하여 스테레오감을 향상 시킵니다. 딜레이 타입은 PING - PONG으로 하고 피드백과 믹스의 값을 적당하게 주어 반복이 너무 오랫동안 진행되지 않게 합니다. 마우스로 미세한 값을 설정하기 어려운 경우 해당 부분을 더블클릭해 입력합니다.

02. REVERB 전원 ON, 디폴트 HALL, SIZE : 42, DECAY : 8.2s, LOW CUT : 41, HIGH CUT : 35, SPIN : 0, SPIN DEPTH : 0, MIX : 25

그림 3_34 FX REVERB 설정

EDM 장르에 많이 사용되는 플럭은 큰 공간감을 가지는 경우가 많습니다. 따라서 리버브의 SIZE와 DECAY 값을 충분히 줍니다. 리버브의 LOW CUT은 저음이 울려서 소리를 불투명하게 만드는 것을 방지합니다. MIX는 25로 설정하여 큰 울림 속에서도 원래 소리의 선명함을 유지시킵니다.

03. DELAY, REVERB 순으로 배치합니다.

이 플럭 소리는 이펙트의 순서가 크게 상관없기 때문에 일반적인 이펙트 순서를 따릅니다.

그림 3_35 FX 순서

■ MASTER 설정

01. MASTER : 최대치

마스터 볼륨 값을 최대로 하여 단순하면서도 꽉 찬 플럭 소리를 만듭니다.

그림 3_36 MASTER 설정

■ 활용 팁

필터의 레저넌스를 증가시키면 컷오프 프리퀀시가 강조되어 플럭
에 레이저 소리와 같은 효과를 추가할 수 있습니다. RES를 60으로
설정하면 플럭 소리가 독특해지는 동시에 고전 게임에서 많이 등장
하는 소리를 만들 수 있습니다.

그림 3_37 FILTER 설정

3.6. 여름에 어울리는 바틀 플럭(Bottle Pluck)

플럭 만들기의 두 번째는 빈병에 바람이 통과하는 듯한 소리의 플럭으로 여름 느낌에 어울리는 사운드입니다.

■ OSC A 설정

01. **OSC A 전원 ON, Digital > BottleBlow**

이 파형은 웨이브테이블 포지션을 변경하여 소리를 낼 때 마치 빈 병에 바람을 불어 넣는 듯한 소리를 만들어 냅니다. 나머지 값은 수정하지 않고 그대로 둡니다.

그림 3_38 OSC A 설정

■ ENV 1 설정

01. **DECAY : 272ms, SUSTAIN : -∞, 나머지는 디폴트입니다.**

기본 설정에서 DECAY와 SUSTAIN만 수정합니다. 전형적인 플럭 소리의 ADSR은 디케이와 서스테인을 조정하는 것이 중요합니다.

그림 3_39 ENV 1 설정

■ ENV 2 설정

01. **DECAY : 338ms, SUSTAIN : 0%, 나머지는 디폴트입니다.**

ENV 2의 어택과 디케이 타임은 모듈레이션될 WT POS의 노브 값을 변화시킵니다. 웨이브테이블 포지션은 어택 타임만큼 이동한 다음 디케이 타임에 따라 원래 상태로 돌아옵니다. 이 과정에서 파형이 변화하며 빈 병에 바람을 불어 넣는 듯한 소리를 만들어 냅니다.

그림 3_40 ENV 2 설정

■ 모듈레이션 설정

01. ENV 2의 사 방향 화살표를 클릭하여 OSC A의 WT POS 노브로 드래그 앤드 드롭합니다. WT POS의 모듈레이션 어마운트 값이 100인지 확인합니다.

모듈레이션 어마운트 값이 많으면 많을수록 더 밝은 플럭을 만들 수 있습니다.

그림 3_41 모듈레이션 설정

■ FX 설정

01. REVERB 전원 ON, HALL 활성화 확인, 나머지는 디폴트입니다.

그림 3_42 FX 설정

■ 활용 팁

ENV 1의 ATTACK을 50ms으로 설정합니다. 플럭의 전형적인 어택감이 사그라지면서 조금 더 팬 플루트 소리에 가까워집니다. 사람이 직접 호흡을 불어 넣는 듯한 부드러운 어택을 가진 사운드로 변합니다.

그림 3_43 ENV 1의 ATTACK 설정

3.7. 플렛리스 베이스(Fretless Bass)와 포르타멘토

사인파와 삼각파를 이용해 EDM의 기본 베이스를 만들고 포르타멘토를 활용해 플렛리스 베이스 효과를 구현해 봅니다.

■ OSC A 설정

01. OSC A 전원 ON, Analog > Basic Shapes

Basic Shapes의 첫 번째 파형인 사인파는 EDM의 베이스나 킥 드럼과 같은 저음역대 악기 소리를 만들 때 유용합니다. 또한 배음이 없어 중고음역대의 다른 악기 소리와 겹치지 않는 장점을 가집니다.

그림 3_44 OSC A 설정

02. OCT: −1

OCT −1을 설정하면 베이스 음역대를 트랜스포즈 없이 연주할 수 있습니다.

그림 3_45 OSC A 옥타브 설정

■ OSC B 설정

01. OSC B 전원 ON, Analog > Basic Shapes

OSC B를 활성화하고 OSC A와 같은 Basic Shapes를 선택한 다음 왼쪽 아래에 있는 WT POS를 3으로 돌려 삼각파를 선택합니다. 삼각파는 기본 파형 중에 사인파와 가장 흡사한 파형이면서 약간의 배음을 가지고 있습니다. 이 배음들의 일부는 추후 FILTER로 제거됩니다.

02. 디폴트 값인 OCT 0을 확인합니다.

사인파로만 이뤄진 베이스가 50Hz보다 낮은 음을 연주할 때 듣는 사람의 환경에 따라서 그 음이 선명하게 들리지 않을 수 있습니다. 이때 한 옥타브 위의 배음을 추가하면 그 음이 좀 더 명확해집니다.

그림 3_46 OSC B 설정

■ FILTER 설정

01. CUTOFF : 202Hz, 타입 Default, 당연히 FILTER 전원은 ON 입니다.

02. 필터를 OSC B에만 적용합니다.

앞에서 OSC A 소리의 음정을 더 명확하게 하기 위해 OSC B에 삼각파를 추가했습니다. 삼각파는 홀수배의 배음을 가지고 있는데 베이스의 소리를 만들기에는 그 수가 약간 더 많기에 중음역대와 고음역대의 배음을 필터로 제거합니다.

그림 3_47 FILTER 설정

■ ENV 1 설정

01. ATTACK : 8.3ms, DECAY : 189ms, SUSTAIN : –5.1dB, 나머지는 디폴트입니다.

ATTACK 8.3ms은 일반적인 타악기의 어택 타임보다 느린 편이지만 베이스가 등장할 때의 소리를 약간 부드럽게 합니다. DECAY와 SUSTAIN의 설정값은 일반적인 베이스 기타를 연주할 때와 비슷한 느낌의 어택감을 만들어 줍니다.

그림 3_48 ENV 1 설정

■ VOICING 설정과 포르타멘토 효과

01. MONO, LEGATO 활성화

EDM에서 일반적으로 베이스 소리는 모노를 지향합니다. 강력하고 명확한 저음을 만들기 위해서 입니다. LEGATO는 두 음이 겹칠 때 어택 없이 두 소리를 연결합니다. 베이스나 기타를 연주할 때 사용하는 슬라이드 주법과 비슷하며 플렛리스 베이스 소리의 특징 중의 하나입니다.

그림 3_49 VOICING 설정

02. **PORTA : 99ms**

포르타멘토 타임을 설정하여 연주할 때 음과 음사이를 이어주는 효과를 더합니다. 이것은 플렛리스 베이스 연주자가 슬라이드 주법을 사용할 때 나타나는 소리를 비슷하게 구현해 줍니다.

■ 활용 팁

FX 탭으로 이동하여 DISTORTION을 활성화합니다. 디스토션의 종류를 Diode 2로 바꿔주면 디스토션된 일렉 베이스와 같은 사운드로 변합니다.

그림 3_50 FX DISTORTION 활성화

3.8. 사이드체인(Sidechain) 하우스 베이스(House Bass)

거친 베이스에 LFO를 활용하여 사이드체인[1] 효과를 더합니다.

■ OSC A 설정

01. OSC A **전원** ON, Digital > Kream, WT POS : 150

복잡한 배음 구조는 거친 소리를 만듭니다.

02. UNISON : 4, DETUNE : 0.03, BLEND : 51

유니즌 설정으로 4개의 보이스를 동시에 사용하여 소리를 강력하게 만들고 디튠 값은 그 보이스들이 미세하게 다른 피치들을 연주하게 합니다. 이 설정은 전체 소리를 넓어지게 합니다.

03. OCT : -2

두 옥타브를 낮게 해 연결된 건반으로 트랜스포즈 없이 저음역대를 연주할 수 있습니다.

그림 3_51 OSC A 설정

■ SUB 설정

01. SUB **전원** ON, **파형** Default(**사인파**)

02. OCTAVE : -3

OSC A보다 한 옥타브 낮게 사인파를 추가하여 베이스 소리의 저음역대를 강조해 줍니다.

03. LEVEL : 23

레벨을 조정하여 OSC A와 볼륨 밸런스를 맞춰 줍니다.

그림 3_52 SUB 설정

---

1 더킹(Ducking) 효과라고도 하며 소리 신호의 볼륨을 일정한 패턴으로 눌러 리듬적인 효과를 만들어 줍니다. 주로 컴프레서(Compressor)를 이용하지만 세럼에서는 LFO로 사이드체인을 만들 수 있습니다.

▪ FILTER 설정

01. FILTER 전원 ON, MG Low 12, CUTOFF : 95Hz, RES : 0

CUTOFF의 95Hz는 추후 LFO로 모듈레이션 합니다. 컷오프 프리퀀시를 강조할
필요가 없으므로 RES는 0입니다.

02. A 활성화 확인

OSC A의 파형은 필터를 적용해 필요한 만큼의 배음을 제거합니다. 배음이 없는
사인파로 설정된 SUB 오실레이터는 필터를 적용할 필요가 없습니다.

▪ LFO 설정

01. LFO 1의 아래에 있는 폴더 모양 아이콘을 클릭해 Sidechain > SC1
을 선택합니다.

사이드체인 효과를 만들 수 있는 LFO의 파형을 불러옵니다.

02. TRIG 활성화, 나머지는 디폴트입니다. BPM 활성화와 RATE 1/4를 확
인합니다.

TRIG를 활성화하여 연주할 때마다 LFO를 처음부터 재생하게 합니다.
BPM을 활성화하는 이유는 DAW의 템포와 동기화시켜 RATE가 1/4일 때
한 박자마다 사이드체인 효과를 적용할 수 있기 때문입니다.

그림 3_53 FILTER 설정

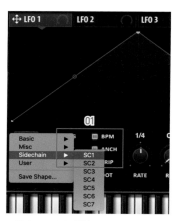

그림 3_54 LFO 설정

그림 3_55 LFO 설정

■ 모듈레이션 설정

01. LFO 1을 FILTER의 CUTOFF에 모듈레이션 할당합니다.

LFO 1을 컷오프에 할당하면 베이스 소리에 사이드체인 효과가 생깁니다. 어마운트 방향은 그림과 같이 한 방향입니다.

그림 3_56 모듈레이션 설정

02. 모듈레이션 어마운트 값을 55로 설정합니다.

양이 이보다 적으면 베이스의 소리가 어두워져 덜 선명해지고 더 많으면 너무 밝아져 다른 악기 소리들과 주파수가 겹칠 수 있습니다.

그림 3_57 모듈레이션 설정

03. MATRIX 탭에서 CUTOFF에 할당한 LFO 1을 확인할 수 있으며, 그 밑에 SOURCE로 LFO 1을 하나 더 추가합니다. TYPE은 한 방향임을 확인합니다.

그림 3_58 모듈레이션 설정

04. SOURCE로 추가한 LFO 1을 DESTINATION의 Global > Amp.에 할당합니다.

LFO 1의 모양이 세럼 전체 볼륨을 조정하게 됩니다. 사이드체인 효과를 CUTTOFF 뿐만 아니라 볼륨에도 동시에 적용해 조금 더 명확한 사이드체인 베이스를 완성할 수 있습니다.

05. Global Amp. 모듈레이션 어마운트 값을 61로 설정합니다.

Global Amp.에 걸린 모듈레이션의 어마운트 값은 많으면 많을수록 더 급격한 사이드체인 효과를 만들어 냅니다.

■ 활용 팁

OSC A의 WT POS를 80으로 줄이면 원래보다 더 부드러운 소리를 만들 수 있습니다. 210으로 설정하면 소리가 더 거칠어집니다. 하지만 WT POS 값을 줄인다고 소리가 항상 부드러워지는 것은 아닙니다. 웨이브테이블 포지션의 값은 각각의 웨이브테이블마다 다른 변화를 가질 수 있습니다.

그림 3_59 OSC A의 WT Pos 80 설정

그림 3_60 OSC A의 WT Pos 210 설정

3.9. NOISE와 SUB을 활용한 킥 드럼(Kick Drum) 만들기

킥 드럼의 어택감과 저음 부분의 소리를 NOISE와 SUB 오실레이터를 이용해 만들어 봅니다.

■ NOISE 설정

01. **OSC A 전원 OFF**

    킥 드럼을 만들려면 NOISE와 SUB 오실레이터
    가 필요합니다.

02. **NOISE 전원 ON, Attacks_Misc > kick**

    trans 1

    Attacks_Misc는 어택과 관련된 샘플을 모아둔
    곳입니다. kick trans 1은 킥 드럼의 트랜지언트
    (Transient)[2], 즉 킥 드럼의 어택을 가지고 있는
    샘플입니다.

그림 3_61 NOISE 설정 1

03. **원샷 모드 활성화**

    원샷 모드를 활성화하여 일반 미디 킥 드럼처럼 노트의 길이와 상관없이 1개의 노
    트가 1개의 소리를 연주하게 합니다. 원샷 모드를 비활성화하여 그 차이를 확인해
    보세요.

04. **LEVEL : 100, 나머지는 디폴트입니다.**

그림 3_62 NOISE 설정 2

■ SUB 설정

01. **SUB 전원 ON, 파형 Default(사인파)**

    사인파는 저음역대의 킥 드럼을 만들기에 적합합니다.

그림 3_63 SUB 설정

---

2 트랜지언트의 음악적 의미는 소리가 발음할 때 나타나는 파형의 시작 부분으로 짧은 기간 동안의 높은 진폭을 일컫는 말입니다.

02. **OCTAVE: −1**

EDM에서 주로 쓰이는 킥 드럼의 저음 주파수는 40Hz에서 80Hz 정도입니다. DAW 설정마다 다를 수 있으나 G0 또는 G1을 누르면 약 49Hz의 저음을 연주할 수 있습니다. 연결된 마스터 건반에서 트랜스포즈 설정 없이 연주할 수 있도록 OCTAVE는 −1로 설정합니다.

03. **LEVEL: 100, 나머지는 디폴트입니다.**

■ **ENV 1 설정**

앰프 엔벌로프 ENV 1을 다음과 같이 설정합니다.

01. **ATTACK: 0ms**

킥 드럼의 어택은 짧습니다.

02. **DECAY: 732ms**

저음 부분이 충분히 들리도록 설정합니다. 곡의 템포 또는 기호에 따라 디케이 타임을 변경하여 킥 드럼의 저음이 들리는 시간을 줄이거나 늘릴 수 있습니다.

그림 3_64 ENV 1 설정

03. **SUSTAIN: −∞**

일반적으로 킥 드럼은 서스테인이 없습니다. 나머지 값은 디폴트입니다.

■ **활용 팁**

노이즈 오실레이터에서 kick trans 1 옆의 화살표를 클릭하면 다른 샘플들을 선택할 수 있습니다. 특히 kick trans 2, kick trans 3으로 설정하면 기존의 킥 소리와 다른 다양한 킥의 사운드를 간편하게 만들 수 있습니다.

그림 3_65 간편하게 킥 사운드 만들기

3.10. 사인파와 NOISE를 활용한 스네어 드럼(Snare Drum) 만들기

스네어 드럼을 칠 때 울리는 위쪽 소리와 용수철 모양의 스네어 와이어(Snare Wire)가 붙어있는 아래쪽 소리를 만들어 봅니다.

■ 피치 트래킹 비활성화

01. **GLOBAL 탭을 클릭한 다음 오른쪽에 위치한 OSCILLATOR SETTINGS > OSC A의 PITCH TRACKING을 비활성화합니다.**

    건반의 음과 상관없이 항상 일정한 음을 낼 때 사용할 수 있습니다. 일반적으로 타악기 소리를 만들 때 피치 트래킹을 끕니다.

그림 3_66 피치 트래킹 비활성화

■ OSC A 설정

01. **OSC A 전원 ON, Analog > Basic Shapes**

    Basic Shapes의 첫 번째 WT POS인 사인파를 사용할 것이니 그대로 둡니다. 타악기 소리를 만들 때 사인파를 많이 사용합니다.

02. **OCT: +4, SEM: +5**

    옥타브와 세미톤을 설정하여 스네어의 피치를 만듭니다. 스네어의 통통 튀는 소리를 표현할 수 있습니다. 앞서 피치 트래킹을 비활성화했기 때문에 어떤 건반을 눌러도 옥타브와 세미톤의 설정값으로 연주됩니다.

03. **RAND: 0, LEVEL: 0, 나머지는 디폴트 값을 그대로 둡니다.**

    RAND: 0으로 스네어가 항상 일정한 소리를 낼 수 있도록 페이즈 랜덤 값을 최소화합니다. 추후 모듈레이션을 위해 LEVEL 값은 0으로 설정합니다.

그림 3_67 OSC A 설정

■ NOISE 설정

01. **NOISE 전원 ON, Analog > ARP white**

스네어의 고음역대 소리, 즉 스네어 드럼 아래쪽의 스네어 와이어가 떨릴 때 나는 소리는 화이트 노이즈로 만들 수 있습니다.

02. **LEVEL : 30**

레벨을 30 정도로 조정해 OSC A와 밸런스를 맞추어 줍니다.

그림 3_68 NOISE 설정

■ ENV 2 설정과 모듈레이션

01. **DECAY : 407ms, SUSTAIN : 0%, 나머지는 디폴트입니다.**

전형적인 타악기의 ADSR 모양입니다.

02. **ENV 2를 OSC A의 LEVEL에 할당합니다.**

ENV 2 의 사 방향 화살표를 OSC A의 LEVEL에 드래그 앤드 드롭해 모듈레이션을 할당합니다.

03. **LEVEL 노브의 모듈레이션 어마운트 값을 92로 설정합니다.**

빠른 어택 이후 DECAY 407ms 동안 스네어 소리는 줄어듭니다.

그림 3_69 ENV 2 설정과 모듈레이션

▪ FILTER 설정

01. FILTER 전원 ON, Normal > High 12

NOISE에서 재생되는 화이트 노이즈는 모든 주파수에서 동일한 음압을 갖습니다. 하이패스 필터는 화이트 노이즈의 고음역대 부분만 남깁니다. 이는 스네어를 가격할 때 '통'하고 튀는 듯한 소리가 난 후에 스네어 와이어의 떨리는 소리까지 나게 합니다.

02. A 해제, N 활성화

필터는 스네어 와이어 소리를 재현하기 위해 NOISE에만 적용합니다.

03. CUTOFF : 83Hz, 나머지 디폴트입니다.

CUTOFF는 추후 ENV 3로 모듈레이션되며 83Hz는 그 모듈레이션의 초깃값입니다. 83Hz보다 위의 주파수, 즉 거의 모든 소리를 통과시킵니다.

그림 3_70 FILTER 설정

▪ ENV 3 설정과 모듈레이션

01. ATTACK : 50ms, 나머지는 디폴트 값을 사용합니다.

02. ENV 3의 사 방향 화살표를 FILTER의 CUTOFF 노브로 드래그 앤드 드롭합니다. CUTOFF 왼쪽 위를 드래그해 모듈레이션 어마운트 값을 37로 설정합니다.

어택 타임 50ms 동안 필터가 닫히며 그 후 약 1700Hz 이상을 통과한 노이즈의 고음역대가 재생됩니다.

그림 3_71 ENV 3 설정

그림 3_72 ENV 3 모듈레이션 설정

■ ENV 1 설정

01. **DECAY : 255ms, SUSTAIN : -∞, 나머지는 디폴트입니다.**
전체 소리, 즉 OSC A와 필터 모듈레이션을 통해 재생되는
NOISE 소리를 위한 앰프 ADSR입니다.

전형적인 타악기의 ADSR이며 DECAY를 길게 하면 스네어 와
이어(화이트 노이즈) 소리가 더 길게 들립니다.

그림 3_73 ENV 1 설정

■ FX 설정

01. **EQ 전원 ON, 오른쪽 FREQ : 462Hz, GAIN : 14.2dB, 나머지는 디폴트입니다.**

그림 3_74 FX EQ 설정

EQ의 오른쪽 부분만 사용할 것이며 이큐 타입은 디폴트입니다. 462Hz보다 위 음역대를 부스트 시킵니다. 스네어 와이
어(화이트 노이즈) 소리를 더 크게 합니다.

■ 활용 팁

FILTER에서 DRIVE를 50으로 설정하면 화이트 노이즈를 많이 보유한
고주파수 대역이 강조되어 더욱 거친 스네어 소리를 만들 수 있습니다.

그림 3_75 FILTER의 DRIVE 설정

3.11. EDM FX의 기본 첫 번째, 업필터(Upfilter) FX 만들기

EDM에서 자주 사용하는 기본 FX를 NOISE와 LFO를 활용해 만들어 봅니다.

■ NOISE 설정

01. NOISE 전원 ON, Analog > ARP white, OSC
A 전원 OFF

EDM에서 들을 수 있는 '쉬이이이'하는 소리는 대부분 화이트 노이즈를 기반으로 만들어집니다.

02. LEVEL : 71, 나머지는 디폴트입니다.

레벨을 올려 화이트 노이즈가 잘 들리도록 합니다.

그림 3_76 NOISE 설정

■ FILTER 설정

01. FILTER 전원 ON, Normal > MG Low 24

로우패스 필터의 숫자는 그 필터의 기울기를 의미하며 그 숫자가 클수록 기울기가
가파릅니다. 기울기가 가파를수록 소리는 더 과격하게 필터링 됩니다.

02. A 해제, N 활성화

필터가 노이즈 오실레이터에만 적용됩니다.

03. CUTOFF : 41Hz, RES : 82, 나머지는 디폴트입니다.

CUTOFF 41Hz 설정값은 거의 모든 소리를 제거합니다. RES는 필터의 컷오프
프리퀀시를 강조하여 CUTOFF가 모듈레이션될 때 그 움직임을 좀 더 명확하게
합니다. CUTOFF는 추후 모듈레이션 됩니다.

그림 3_77 FILTER 설정

■ LFO 1 설정

01. LFO 1의 가운데 윗부분의 점을 오른쪽 위로 드래
그해 다음 그림과 같은 직각 삼각형 모양의 그래프
를 만듭니다.

일반적으로 시간에 따라 값이 상승하는 모듈레이션
효과가 필요할 때 구성하는 LFO의 모양입니다.

02. TRIG 활성화

노트를 연주할 때마다 LFO 1의 페이즈, 즉 시작 위치
는 처음부터 재생되어 항상 일정한 소리를 들을 수 있
습니다.

그림 3_78 LFO 설정

03. RATE: 2 bar, 나머지는 디폴트입니다.

LFO의 속도를 2마디로 설정합니다. DAW 템포에 싱크되어 2마디를 주기로 LFO가 재생됩니다.

■ 모듈레이션 설정

01. LFO 1의 사 방향 화살표를 FILTER의 CUTOFF로 드
래그 앤드 드롭해 모듈레이션을 할당합니다.

02. 모듈레이션 어마운트 값을 70으로 설정합니다.

필터 컷오프 프리퀀시는 41Hz부터 대략 10kHz까지 모듈레
이션 됩니다.

그림 3_79 모듈레이션 설정

■ ENV 1 설정

01. RELEASE: 635ms

노이즈의 잔향을 남겨 소리가 자연스럽게 페이드 아웃되도록 적
당한 릴리즈 값을 설정합니다.

그림 3_80 ENV 1 설정

■ FX 설정

01. FX 탭을 클릭해 EQ와 REVERB를 활성화합니다. 이펙트
이름 오른쪽에 있는 화살표 모양 아이콘(↕)을 드래그해
EQ, REVERB 순으로 설정합니다.

02. EQ에서 그림 3_82와 같이 왼쪽편의 로우컷 필터 타입을 선
택합니다.

그림 3_81 FX 순서 설정

일반적으로 업필터 FX는 저음을 사용하지 않는 경우가 많습니
다. 또한 다른 저음역대 악기들의 소리를 방해하지 않기 위해서
로우컷 필터로 화이트 노이즈의 저음역대를 제거합니다.

03. 왼쪽 FREQ : 108Hz, Q : 47

108Hz 이하의 소리는 로우컷 됩니다. Q는 필터의 기울기를 결정하며 중간 정도의 기울기로 자연스럽게 저음역대를 제
거합니다.

그림 3_82 FX EQ 설정

04. REVERB > SIZE : 50, DECAY : 5s

SIZE와 DECAY는 울림의 정도를 결정합니다. 업필터가 충분한 공간감을 가질 수 있도록 설정합니다.

05. MIX : 25, 나머지는 디폴트입니다.

그림 3_83 FX REVERB 설정

■ 활용 팁

노이즈 오실레이터에서 화이트 노이즈 대신에 Attacks_Kick
의 XF_KikAtk_01, 02, 03 등 샘플의 종류만 바꿈으로써 SF
영화에 나오는 효과음과 비슷한 소리들을 만들 수 있습니다.

그림 3_84 샘플 종류 변경

3.12. EDM FX의 기본 두 번째, 사인스윕(Sinesweep) FX 만들기

사인파, CRS, LFO를 활용하여 음정이 점점 상승하는 사인스윕 FX를 만들어 봅니다.

■ OSC A 설정

01. **OSC A 전원 ON, Analog > Basic Shapes**

Basic Shapes의 디폴트는 사인파입니다. 나머지는 디폴트 설정을 그대로 유지합니다.

그림 3_85 OSC A 설정

■ LFO 1 설정

01. 그래프의 가운데 윗부분의 점을 오른쪽으로 드래 그해 다음 그림과 같이 왼쪽 아래에서 오른쪽으로 올라가는 사선 모양의 그래프를 만듭니다.

02. **TRIG 활성화**

노트가 재생될 때마다 LFO는 그래프의 처음부터 다시 시작합니다. 따라서 항상 같은 모듈레이션을 만듭니다.

03. **RATE : 2 bar**

그림 3_86 LFO 설정

LFO의 주기를 2마디로 설정합니다. 추후 피치를 모듈레이션하여 2마디 동안 올라가게 만듭니다. 필요에 따라 RATE 값을 설정하면 다양한 길이의 Sinesweep FX를 만들 수 있습니다.

■ LFO 1 모듈레이션 설정

01. LFO 1의 사 방향 화살표를 OSC A의 CRS로 드래그 앤 드 드롭해 모듈레이션을 할당합니다.

02. 어마운트 타입은 한 방향

CRS 위쪽에 있는 파란 막대기를 shift + command(윈도 우는 Ctrl) + 클릭해 모듈레이션 타입을 한 방향이 되게 합 니다.

03. 모듈레이션 어마운트: 24st

CRS의 모듈레이션 어마운트는 MATRIX 탭에서 AMOUNT를 더블클릭해 24st로 써넣습니다. LFO의 모듈 레이션에 따라 OSC A의 CRS 음정이 2옥타브 변화합니다.

그림 3_87 LFO 1 모듈레이션 설정

그림 3_88 MATRIX LFO 1 설정

■ ENV 1 설정

01. RELEASE: 100ms, 나머지는 디폴트입니다.

릴리즈를 길게 해 소리의 잔향을 살려줍니다

그림 3_89 ENV 1

■ FX 설정

01. REVERB 전원 ON, SIZE : 43, MIX : 15, 나머지는 디폴트입니다.

SIZE는 디폴트 설정보다 조금 더 큰 공간의 울림을 만들어 줍니다. MIX의 값은 추후 모듈레이션 되기 때문에 약간 낮게 설정합니다.

그림 3_90 FX 설정

■ REVERB 모듈레이션 설정

01. LFO 1의 사 방향 화살표를 REVERB 의 MIX로 드래그 앤드 드롭해 모듈레 이션을 할당합니다.

02. MIX의 왼쪽 윗부분을 드래그해 모 듈레이션 어마운트를 70으로 설정합 니다.

음정이 올라가면 올라갈수록 리버브의 양도 많아져 확장되는 효과를 만들 수 있 습니다.

그림 3_91 REVERB 모듈레이션 설정

■ 활용 팁

LFO 1의 RATE를 fast로 설정하면 FM 사운드를 만들 수 있습니다. 노이즈가 섞인 오래된 종소리 와 비슷한 독특한 소리를 만들 수 있습니다. 피 치의 변화 주기가 짧아져 피치 변화 속도가 빨라 짐으로써 새로운 음들이 만들어집니다. 이것을 프리퀀시 모듈레이션이라고 부릅니다.

그림 3_92 LFO 1의 RATE 설정

PART

04

EDM 사운드
따라잡기

유명한 EDM에 등장하는 개성 있는 사운드를
세럼으로 만들어 봅시다.

———

4.1.   Disclosure — You & Me (Flume Remix)

4.2.   Martin Garrix — Animals

4.3.   Calvin Harris — Summer

4.4.   Armin Van Buuren — Blah Blah Blah

4.5.   Martin Garrix, Dimitri Vegas & Like Mike — Tremor

4.6.   Kygo — Stole The Show

4.7.   Dillon Francis & DJ SNAKE — Get Low

4.8.   Kygo — Firestone

4.9.   DVBBS & Borgeous — TSUNAMI

4.10.   Oliver Heldens — GECKO

4.11.   Deadma5 & Kaskade — I Remember

4.12.   Mura Masa — Miss You

4.13.   DVBBS & VINAI — Raveology

4.14.   W&W — Caribbean Rave

4.15.   Madonna — Bitch I'm Madonna

4.16.   Don Diablo x Zonderling — No Good

4.17.   Benny Benassi ft. Gary Go — Cinema (Skrillex Remix)

4.18.   Jauz — Deeper Love

4.91.   Porter Robinson — Lionhearted

4.20.   The Chainsmokers — Closer

4.21.   Hudson Mohawke — Chimes

4.22.   Louis The Child — Better Not

4.23.   Marshmello — Alone

4.24.   Avicii — Levels

4.25.   Lady Gaga — Born This Way (Zedd Remix)

4.26.   Marnik — Gladiators

4.1. Disclosure – You & Me (Flume Remix)

퓨처 베이스(Future Bass)에서 빠짐없이 사용하는 코드 신스 스타일로 Disclosure –
You & Me (Flume Remix)에 등장합니다. 일반적으로는 LFO가 필터의 컷오프를 제어
하면서 얻을 수 있는 효과입니다.

알고 가기

플룸(본명: Harley Edward Streten)은 오스트레일리아 출신의 DJ 겸 작곡가입
니다. 정규 앨범으로 2012년 Flume 1집과 2016년 Skin을 발매했습니다. 또
한 Lorde – Tennis court, Disclosure – You & Me, Sam Smith – Lay Me
Down 등 다수의 리믹스곡으로 대중들에게 사랑을 받았습니다.

특히 2013년에 발표한 Disclosure – You & Me (Flume Remix)는 원곡보다 유명한 리믹스곡으로 플룸을
한층 더 유명하게 만들었고, 2015년부터 빌보드 차트를 이끄는 퓨처 베이스 장르 탄생에 중요한 역할을 했
습니다.

■ OSC A 설정

01. OSC A 전원 ON, 파형 Default

Default인 톱니파는 배음이 많은 사운드를 만들기에 적절합니다.

02. UNISON : 6

OSC A의 소리를 6개로 복제해 배음
의 양을 늘리는 동시에 사운드가 넓어
지는 효과를 얻습니다.

03. DETUNE 값은 추후 모듈레이션을
위해 0으로 바꿉니다.

그림 4_1 OSC A 설정

04. RAND : 0

OSC A가 미디 신호를 받아 사운드를 만들어 낼 때마다 나타나는 미세한 변화조차도 제거합니다.

나머지는 디폴트 값입니다.

BLEND : 75, PHASE : 180, WT POS : 1, PAN : 0, LEVEL : 75

■ OSC B 설정

01. OSC B 전원 ON, Analog > Basic Shapes

Basic Shapes는 기본 파형들인 사인파, 삼각파, 사각파, PWM 등이며 WT POS의 노브를 돌려 선택할 수 있습니다.

그림 4_2 OSC B 설정

02. WT POS : 6

기본 사각파에서 변형된 것으로 조금 다른 배음 구조로 돼 있습니다. OSC A의 톱니파가 만들어 내는 배음들의 빈공간을 채워줄 수 있어 조금 더 넓고 고음역대가 꽉 찬 소리를 만들 수 있습니다.

03. RAND : 0

OSC A와 마찬가지로 OSC B가 작동할 때마다 항상 같은 페이즈에서 시작하게 합니다.

04. LEVEL : 58

OSC A를 도와주는 역할이므로 적절히 낮춰줍니다.

나머지는 디폴트 값으로 둡니다.

UNISON : 1, DETUNE : 0.25, BLEND : 75, PHASE : 180, PAN : 0

그림 4_3 OSC B 설정

■ NOISE 설정

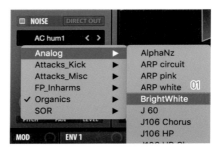

그림 4_4 NOISE 설정

01. NOISE 전원 ON, Analog > BrightWhite

기존 사운드에 노이즈의 배음을 추가해 더 많은 배음을 만들 수 있습니다.

02. PITCH: 65

값을 올려주면 노이즈의 저음 부분이 약해지고 고음 위주로 남는데 이것은 노이즈의 저음이 OSC A와 B에서 나오는 소리를 방해하기 때문입니다.

03. LEVEL: 46

노이즈는 OSC A, B의 소리를 보완하는 역할을 하므로 값을 내려줍니다.

그림 4_5 NOISE 설정

나머지는 디폴트 값으로 둡니다.

PHASE: 0, RAND: 0, PAN: 0

■ FILTER 설정

01. FILTER 전원 ON, MG Low 12(디폴트)

LFO를 사용해서 고주파수 대역의 사운드를 변형시키기 위해 로우패스 필터를 선택합니다.

02. A, B, N 활성화

이 필터의 설정값은 OSC A, B, NOISE의 모든 소리에 동일하게 적용됩니다.

03. CUTOFF: 167Hz

이 주파수 값은 추후 LFO로 모듈레이션 할 때 양방향 어마운트 값의 기준점이 됩니다.

그림 4_6 FILTER 설정

그 외에 설정은 다음과 같습니다.

RES: 0, PAN: 0, DRIVE: 0, FAT: 0, MIX: 100

▪ LFO 1 설정 및 디자인

01. GRID : 8(디폴트)

그리드는 정확한 시간과 레벨에 맞게 LFO 파형을 그릴
수 있게 도와줍니다.

02. TRIG 활성화

미디 노트가 연주될 때마다 LFO 1은 디자인된 그래프의
처음부터 시작합니다.

03. BPM 활성화

LFO 1의 RATE가 곡의 BPM과 동기화(Sync)됩니다.

04. RATE : 1/8

동기화된 곡의 템포가 한 박자(4분음표) 재생될 때 디자인된 LFO 1은 두 번 반복합니다.

05. LFO 1 파형을 그림과 같이 만듭니다.

선을 더블클릭해 점을 만들거나 없앨 수 있으며 점을 잡고 이동하여 모양을 만들 수 있습니다.

그림 4_7 LFO 설정

▪ LFO 1 모듈레이션 설정

LFO 1의 사 방향 화살표(01)를 클릭해 OSC A의 DETUNE(02)과 FILTER의 CUTOFF(03)로 드래그 앤드 드롭
합니다.

그림 4_8 LFO 1 모듈레이션 할당

04. LFO 1을 DETUNE과 CUTOFF에 할당한 후 모듈레이션 타입을 정하기 위해서 MATRIX 탭을 클릭합니다.

MATRIX 탭에서는 모듈레이션과 관련된 흐름을 한눈에 볼 수 있습니다.

05. 첫 번째 칸에서 LFO 1 TYPE인 한 방향 화살표를 확인합니다.

만약 양방향이라면 클릭해 한 방향 화살표로 전환합니다.

06. 두 번째 줄에 있는 LFO 1의 TYPE은 양방향 화살표입니다.

그림 4_9 MATRIX 설정

07. OSC A에 빨간 원으로 표시한 헤드폰 모양의 파란색 부분을 클릭한 다음 아래로 드래그해 DETUNE의 범위 값을 LFO 1 → A UniDet: 32로 조절합니다.

LFO 1은 DETUNE의 양을 변경시켜 사운드의 폭을 넓혔다가 다시 원래대로 좁게 만듭니다.

그림 4_10 모듈레이션 설정

08. FILTER에 빨간 원으로 표시한 헤드폰 모양의 파란색 부분을 클릭한 다음 위로 드래그해 CUTOFF의 범위 값을 LFO 1 → Fil Cutoff: 100으로 조절합니다.

LFO 1이 CUTOFF의 양을 변경시켜 소리의 배음은 많아졌다가 다시 줄어듭니다. 이것은 앞서(7) DETUNE의 양을 변형시킨 것과 함께 퓨처 베이스의 '와~앙' 하는 효과를 극대화합니다.

■ ENV 1 설정

01. RELEASE : 250ms

디자인한 사운드의 잔향을 정확하게 전달하기 위해서 릴리즈를 늘려
줍니다.

나머지는 디폴트 값입니다.

ATTACK : 0.5ms, HOLD : 0.0ms, DECAY : 1.00s,
SUSTAIN : 0.0dB

그림 4_11 ENV 1 설정

■ VOICING 설정

01. POLY : 21

최댓값인 32로 설정하면 여러개의 음을 동시에 연주할 때 보이스 부족으로 소리가 없어지는
문제는 없으나 그만큼 CPU의 부하가 많아지기 때문에 원곡의 코드를 연주할 수 있을만큼
보다 조금 더 여유 있는 21로 설정합니다. 만약 연주하고자 하는 노트가 많고 CPU의 성능
이 좋다면 32를 추천합니다.

그림 4_12 VOICING 설정

■ FX 순서 설정

01. FX 탭을 클릭합니다.

02. 위아래 화살표를 드래그해 EQ – DISTORTION – REVERB
순으로 정렬하고 각각의 전원을 켭니다.

이펙터의 순서는 이펙터의 설정에 따라 영향을 크게 미칠 때도 있
고 그렇지 않을 때도 있습니다. 이번은 순서에 따른 영향이 크지
않아 사운드 디자인이나 믹싱에서의 기본적인 순서를 따릅니다
(일반적으로 EQ – COMPRESSOR – 그 외의 플러그인 –
DELAY – REVERB 순이지만 상황에 따라 변하기도 합니다).

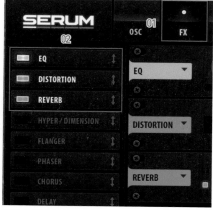

그림 4_13 FX 순서 설정

■ EQ 설정

01. 왼쪽 로우컷 필터 선택

NOISE, 그리고 각 OSC에서 생성되는 불필요한 저음을 제거해 선명한 사운드를 만듭니다.

02. FREQ : 60Hz

Bass나 Kickdrum에 방해가 되지 않기 위해서 설정된 주파수 아래를 제거해 줍니다.

03. Q : 47

너무 급격하거나 완만하지 않게 자연스러운 로우컷 필터를 만듭니다.

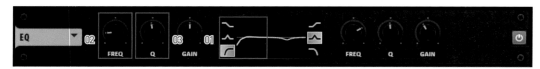

그림 4_14 EQ 설정

04. 오른쪽 피킹 필터 선택

특정 주파수 대역을 강조하거나 제거하기 위해 주로 사용합니다.

05. FREQ : 3104Hz

많은 배음이 축적되어 귀를 아프게 할 수 있는 주파수 대역 3104Hz로 설정합니다.

06. Q : 48

자연스러운 피킹 필터를 위한 Q값을 설정합니다.

07. GAIN : -5.1dB

배음이 많이 축적되어 과도하고 불편한 음역대의 게인을 줄입니다.

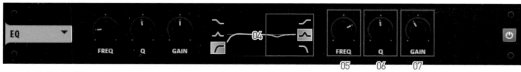

그림 4_15 EQ 설정

■ DISTORTION 설정

01. HardClip 선택

고음역대에 강한 디스토션을 적용하면 배음 구조를 더 복잡하게 만드는데 이것은 더 넓거나, 귀에 잘 들리는 소리를 만드는 데 유용합니다.

02. PRE 활성화

1에서 선택한 HardClip은 03, 04, 05에 설정할 주파수 영역대만 적용됩니다.

03. F : 6645Hz

고음역대를 디스토션한 것은 사운드의 어택감을 강하게 하는 동시에 다른 음역대를 비교적 약하게 만듭니다.

그림 4_16 DISTORTION 설정

04. Q : 2.1

필터의 기울기가 너무 좁거나 완만하지 않게 자연스럽게 만듭니다.

05. BP : 61

필요한 음역대만 디스토션하기에 유용합니다. 중저음역대에 디스토션할 경우 연주해야 할 코드톤이 변형되어 음이 정확하게 연주되지 않을 가능성이 있으니 주의해야 합니다.

06. DRIVE : 86

많은 드라이브 값은 디스토션 사운드를 강화하며 더 복잡하고 지저분한 소리를 만듭니다.

07. MIX : 46

디스토션으로 만든 사운드와 원본 사운드의 자연스러운 밸런스를 유지합니다.

그림 4_17 DISTORTION 설정

▪ REVERB 설정

01. **디폴트 HALL**

    HALL, SIZE, DECAY 값은 디폴트입니다.

02. **LOW CUT : 30**

    저음역대의 리버브 사운드가 울려 퍼져 불투명해지는 것을 막습니다.

03. **MIX : 23**

    공간감과 원본 사운드의 선명함을 동시에 지키기 위한 설정입니다.

그림 4_18 REVERB 설정

▪ LFO 1의 DISTORTION 모듈레이션

모듈레이션은 OSC, FILTER, NOISE뿐 아니라 FX의 파라미터에도 설정할 수 있습니다.

01. **FX > DISTORTION > DRIVE 값을 30으로 조절합니다.**

    DRIVE 값은 모듈레이션 범위의 시작점입니다.

그림 4_19 FX DISTORTION 모듈레이션

02. **LFO 1의 사 방향 화살표를 모듈레이션할 대상인 DISTORTION의 DRIVE 노브로 드래그 앤드 드롭합니다.**
    DRIVE의 LFO 1 모듈레이션 할당량은 70, 타입은 한 방향입니다.

    모듈레이션된 DRIVE는 LFO 1의 모양을 따라 증가해서 고음역대를 강조합니다.

그림 4_20 FX DISTORTION 모듈레이션

■ 사운드 확인하기

원곡 Disclosure – You & Me (Flume Remix)와 같이 BPM 75의 세럼이 삽입된 미디 트랙을 만들고, 원곡의 느낌을 살린 다음의 악보를 참고하여 미디 노트를 만들어 봅니다. 마지막으로 사운드를 재생해 확인합니다.

악보 4_1 You & Me (Flume Remix) 스타일

4.2. Martin Garrix — Animals

빅룸 하우스(Big Room House) 풍의 **Martin Garrix — Animals**에 등장하는 타악기 같
은 플럭입니다. 어택감이 드러나는 사운드는 피치 엔벌로프의 활용이 중요합니다.

 알고 가기

마틴 개릭스는 네덜란드 출신의 DJ 겸 프로듀서입니다. 2012년 크리스티나 아길
레라의 앨범 Lotus에 리믹스곡 Christina Aguilera - Your Body (Martin Garrix
Remix)가 수록되면서 그의 이름이 세상에 알려졌습니다. 정식 데뷔곡은 2012년
Spinnin' Records에서 발매한 Julian Jordan & Martin Garrix — BFAM입니다.
그 후로 여러 곡을 발표했고, 특히 2013년에 발표한 Martin Garrix — Animals
는 단번에 비트포트(Beatport)를 비롯한 여러 EDM 관련 차트 1위, 빌보드 차트

상위권에 올라 그를 EDM 관련 탑 DJ/프로듀서로 만들어 주었습니다. 하지만 그 당시 미성년자였던 그는 클
럽이나 페스티벌에서 연주할 기회가 적었습니다. 빅룸을 시작으로 퓨처 베이스, 트랩을 거쳐 현재는 프로그레
시브 하우스 곡을 만들며 여전히 대중들의 인기를 얻고 있습니다.

■ OSC A 설정

01. OSC A 전원 ON, Analog > Basic Shapes

02. UNISON: 1, DETUNE: 0, BLEND: 0, PHASE:
    180(디폴트), RAND: 0

    RAND 0은 매번 같은 페이즈로 시작해 어택을 항상 일
    정하게 만들어줍니다.

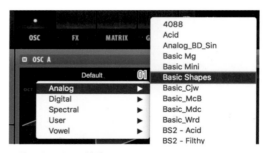

그림 4_21 OSC A 설정

03. 나머지는 디폴트입니다. WT POS : 1, PAN : 0, LEVEL : 75

WT POS 첫 번째인 사인파는 엔벌로프를 사용해 타악기 소리나 전자음악
의 킥 드럼과 같이 어택이 강조되는 사운드를 만들기에 적합합니다.

04. OCT : +2

원곡의 고음을 연주하기에 적합한 음역대를 만듭니다.

그림 4_22 OSC A 설정

■ NOISE 설정

01. NOISE 전원 ON, Analog > BrightWhite

만들게 될 플럭 사운드는 저주파수가 필요 없기 때문에 화이트 노이즈
에서 저주파수 영역대가 제거된 BrightWhite를 사용합니다.

02. PHASE : 0, RAND : 100

RAND을 최대치로 설정하면 내장 노이즈 샘플이 다양한 페이즈로 재
생되기 때문에 사운드는 불규칙해집니다. 이는 OSC A의 플럭 사운드
에 약간의 어쿠스틱함을 더해줍니다.

그림 4_23 NOISE 설정

03. PITCH : 66, PAN : 0, LEVEL : 82

PITCH 값을 높여 노이즈 사운드를 더 밝게 만듭니다. LEVEL 값은 OSC A의 LEVEL과
의 밸런스를 고려합니다.

그림 4_24 NOISE 설정

■ FILTER 설정

01. FILTER 전원 ON, A 해제, N 활성화

NOISE 오실레이터에만 필터 효과가 적용되게 합니다.

02. CUTOFF : 793Hz

원곡의 플럭은 800Hz 이하의 소리가 거의 없기 때문에 CUTOFF는 793Hz로 설정하
는데 그 값은 추후 추가되는 노이즈 필터 모듈레이션의 시작점이 됩니다.

나머지는 디폴트입니다.

RES : 10, PAN : 50, DRIVE : 0, MIX : 100

그림 4_25 FILTER 설정

■ ENV 1 설정

01. SUSTAIN : -∞

SUSTAIN을 음수 무한대로 설정해 플럭 소리의 기본적인 형태를 만듭
니다.

02. DECAY : 48ms

DECAY 값은 플럭 사운드의 가장 중요한 요소이며, 짧을수록 어택이 강
하게 들리지만, 너무 짧으면 음이 부정확할 수 있고, 너무 길면 플럭의 캐
릭터를 잃게 됩니다.

나머지는 디폴트입니다.

ATTACK : 0.5ms, HOLD : 0ms, RELEASE : 15ms

그림 4_26 ENV 1 설정

그림 4_27 ENV 1 설정

■ ENV 2 설정

01. SUSTAIN : 0%

SUSTAIN을 0으로 설정해 ATTACK과 DECAY 값만 적용되게 합니
다.

02. DECAY : 4.1ms

피치 엔벌로프 만들기에서 가장 중요한 부분이며 피치가 짧게 ATTACK
을 지나 DECAY 값인 4.1ms 동안 변합니다.

나머지는 디폴트 값입니다.

ATTACK : 0.5ms, HOLD : 0ms, RELEASE : 15ms

그림 4_28 ENV 2 설정

그림 4_29 ENV 2 설정

■ ENV 2 모듈레이션 설정

01. ENV 2의 사 방향 화살표를 OSC A의 CRS로 드래그 앤드 드롭합니다.

OSC A의 피치를 부드럽게 조정하기 위해 CRS를 사용합니다. SEM은 반음 단위로 변하고 FIN은 그 값의 변화 정도가 미미합니다.

02. MATRIX 탭을 선택, AMOUNT 페이더를 더블클릭해 48st를 입력합니다.

st는 세미톤(반음)을 뜻하며 48st를 입력하면 숫자 38로 변환됩니다. 이로써 SOURCE Env 2는 48개의 세미톤 즉, OSC A의 피치를 4옥타브에 거쳐 매우 빠르게 변화시킵니다. 다시 말하면 Env 2의 ATTACK 0.5ms 동안 OSC A의 피치가 4옥타브 올라갔다가 DECAY 4.1ms 동안 4옥타브 떨어집니다. 신시사이징으로 만들어지는 타악기는 이러한 피치 엔벨로프 방식을 활용하는 경우가 많습니다.

그림 4_30 ENV 2 모듈레이션 설정

03. TYPE은 한 방향입니다.

피치의 변화를 ENV 2의 모양에 맞추기 위해 한 방향으로 설정합니다.

그림 4_31 ENV 2 모듈레이션 MATRIX

■ ENV 3 설정 및 모듈레이션

01. SUSTAIN : 0%

SUSTAIN을 0으로 설정해 필터 프리퀀시 변화의 그래프 모양을 만듭니다.

그림 4_32 ENV 3 설정

02. DECAY : 307ms

이 값은 추후 FILTER의 CUTOFF에 할당돼 주파수 변화의 시간이 됩니다.

나머지는 디폴트 값입니다.

03. **ENV 3의 사 방향 화살표를 FILTER의 CUTOFF에 드래그 앤드 드롭해 필터 엔벌로프를 만들어 줍니다.**

그림 4_33 ENV 3 모듈레이션 설정

04. **MATRIX 탭 선택, Env 3 AMOUNT 페이더를 더블클릭해 31을 입력합니다.**

ENV 3에 의해 FILTER의 CUTOFF(주파수)가 할당된 값만큼 움직일 때 NOISE의 고주파수 영역대는 순간적으로 재생한 다음 멈춥니다. Env 3의 AMOUNT를 끝까지 설정하지 않은 이유는 원곡의 플럭이 10kHz 이상의 소리를 많이 갖고 있지 않기 때문입니다.

05. **TYPE은 한 방향입니다.**

그림 4_34 ENV 3 모듈레이션 MATRIX

■ FX 순서 설정

01. DISTOTION – REVERB – COMPRESSOR – EQ 순으로 배치합니다.

원곡의 플럭 사운드는 잔향까지 컴프레싱 돼 있기 때문에 REVERB 다음에 COMPRESSOR를 두고, 여러 이펙트를 거쳐 밝아질 수 있는 소리를 원곡처럼 어둡게 만들기 위해 EQ는 마지막에 배치합니다.

■ DISTORTION 설정

01. HardClip, OFF 활성화

HardClip은 독특한 배음의 추가로 밝고 거친 소리를 만들기에 유용합니다.

그림 4_35 FX 순서 설정

02. DRIVE : 100, MIX : 65

DRIVE 값은 최대치로 하여 최대한의 배음을 추가합니다. 너무 밝아지는 것을 막기 위해 MIX 양은 65가 적당합니다.

그림 4_36 DISTORTION 설정

■ REVERB 설정

01. 디폴트 HALL, SIZE : 20, DECAY : 9.0s

원곡의 리버브와 세럼의 내장 이펙트 리버브는 색감이 다릅니다. 원곡의 공간감을 최대한 비슷하게 구현하려면 SIZE 값을 작게하고 DECAY는 9초로 설정해 작은 공간에 잔향을 오랫동안 남게 합니다.

02. LOW CUT : 27, HIGH CUT : 51

리버브로 생기는 저음과 고음역을 제거해 소리가 지저분해지거나 너무 밝아지지 않게 합니다.

03. SPIN：0, SPIN DEPTH：0, MIX：15

MIX는 비교적 작게 설정해 원래 사운드의 선명성을 잃지 않게 합니다.

그림 4_37 REVERB 설정

■ COMPRESSOR 설정

01. THRESH：−22.8, RATIO：8:1

THRESH와 RATIO 값은 강한 컴프레싱을 위해 다이내믹 레인지가 거의 없게 설정합니다.

02. ATTACK：0ms, RELEASE：0.1ms

소리 전체에 충분한 컴프레싱 효과를 주기 위해 앞서 설정한 ENV 1보다 더 빠르고 짧은 어택과 릴리즈 타임을 설정합니다.

03. GAIN：10.2dB, MIX：100

컴프레싱된 사운드를 10.2dB만큼 키워 소리를 크게 만듭니다.

그림 4_38 COMPRESSOR 설정

■ EQ 설정

01. 왼쪽 Shelf 선택, FREQ：210Hz, Q：60, GAIN：0dB

디폴트 값입니다.

02. 오른쪽 LPF 선택, FREQ：3178Hz, Q：40, GAIN：0dB

3000Hz 이상의 소리를 제거해서 원곡처럼 다소 어두운 느낌을 만듭니다.

그림 4_39 EQ 설정

■ MASTER 설정

01. MASTER: 80

리드 악기에 맞게 최대한 볼륨을 올려줍니다.

그림 4_40 MASTER 설정

■ 사운드 확인하기

원곡 **Martin Garrix − Animals**와 같이 BPM 128의 세럼이 삽입된 미디 트랙을 만들고, 원곡의 느낌을 살린 다음의 악보를 참고하여 미디 노트를 만들어 봅니다. 마지막으로 사운드를 재생해 확인합니다.

악보 4_2 Animals 스타일

4.3. Calvin Harris — Summer

빅룸 하우스 풍의 캘빈 해리스(Calvin Harris) **Summer**에 등장하는 리드 소리입니다. 톱
니파의 유니즌 개수를 과도하게 늘리고 노이즈를 이용해 배음을 추가해서 풍부하고 넓은
리드 소리를 만드는 것이 중요합니다.

알고 가기

캘빈 해리스는 영국 스코틀랜드 출신의 DJ이자, 프로듀서 겸 가수입니다.
2014년부터 2018년까지 5년 연속 포브스에 선정되고, 세계에서 가장 수
입이 많은 DJ 1위에 올랐으며, EDM 장르 외에도 대중들에게 인지도 높
은 유명한 가수 리한나(Rihanna), 케이티 페리(Katy Perry) 등과도 협업하
여 상업적 성공과 대중적인 인기를 얻고 있습니다. 2007년 1집 Created
Disco를 발매해 영국에서 10만 장 이상이 팔렸으며 2009년 2집 Ready
for the Weekend를 발표해 UK 앨범 차트 1위에 올랐습니다. 그 이후에

CALVIN
HARRIS
SUMMER

도 발표하는 앨범마다 UK 차트 및 빌보드의 상위권을 차지했습니다. 특히 2011년 리한나와 함께 발매한 We
Found Love는 20여 개국의 각종 차트 1위를 했으며 빌보드 핫 100에서는 10주 동안 1위를 했습니다. 이것
은 미국은 물론 세계의 음악 시장까지 그의 이름을 알리는 계기가 됐습니다. Summer는 2014년 3월 14일
발매돼 UK 싱글 차트 1위 및 빌보드 핫 100 상위권에 오르는 성적을 거뒀습니다.

■ OSC A 설정

01. OSC A 전원 ON, Analog > Basic Shapes, WT POS : 2

원곡의 리드 악기는 많은 배음을 갖고 있습니다. 그렇기 때문에 배음이 풍
부한 톱니파를 선택합니다.

그림 4_41 OSC A 설정

02. UNISON : 12

유니즌을 12개로 설정해 보이스의 개수를 높여서 확장된 느낌의 소리를 만듭니다.

03. LEVEL : 100, 나머지는 디폴트 값입니다.

그림 4_42 OSC A 설정

■ OSC B 설정

01. OSC B 전원 ON, Analog > Basic Shapes, WT POS : 2

OSC B의 파형도 톱니파를 선택해 OSC A의 톱니파에 힘을 실어줍니다.

02. OCT : +1

OSC A보다 한 옥타브 위의 음을 연주함으로써 음역대를 넓히고 전체 소리를 더욱 선명하게 합니다.

03. UNISON : 12, DETUNE : 0.36, BLEND : 64

OSC A와 비슷한 설정이지만 약간은 다른 설정을 더해 효과적으로 확장된 소리를 만듭니다.

그림 4_43 OSC B 설정

04. LEVEL : 0, 나머지는 디폴트 값입니다.

나중의 모듈레이션을 위해서 값은 0으로 설정합니다.

그림 4_44 OSC B 설정

■ NOISE 설정

01. **NOISE 전원 ON, Analog > BrightWhite**

리드 악기의 고음역대에 노이즈를 더하면 배음이 추가되는 것 같이 들리고, 이로 인해 전체 소리가 강해집니다. BrightWhite와 ARP White는 같은 백색 소음이지만 BrightWhite가 ARP White보다 고음역대의 노이즈를 더 많이 갖고 저음역대의 노이즈는 덜 갖습니다. 저음역대가 필요하지 않은 소리는 BrightWhite를 사용하는 것이 효과적입니다.

02. **LEVEL : 50, 나머지는 디폴트 값을 그대로 둡니다.**

톱니파를 더욱 날카롭고 선명하게 만듭니다.

그림 4_45 NOISE 설정

■ FILTER 설정

01. **FILTER 전원 ON, Normal > MG Low 6**

가장 기울기가 완만한 로우패스 필터로 고음역대를 부드럽게 제거합니다.

02. **A, B, N 활성화**

필터를 OSC A, B와 NOISE에 모두 적용합니다.

03. **CUTOFF : 5028Hz, RES : 0**

고음역대를 살짝만 제거합니다.

04. **DRIVE : 5**

필터에 입력되는 신호를 증폭합니다.

그림 4_46 FILTER 설정

그림 4_47 FILTER 설정

■ ENV 1 설정

01. **ATTACK : 20ms, RELEASE : 122ms**

어택 타임을 살짝 늦게 해서 브라스 악기의 느낌을 줍니
다. 릴리즈도 여유 있게 하여 소리가 갑자기 끊기지 않게
합니다.

그림 4_48 ENV 1 설정

■ ENV 2 설정 및 모듈레이션

01. **ATTACK : 41ms**

OSC B의 LEVEL을 모듈레이션 하게
되며 결과적으로 브라스와 같은 느낌의
소리를 만들어 냅니다.

02. **ENV 2의 사 방향 화살표를 OSC B
의 LEVEL로 드래그 앤드 드롭해 모
듈레이션을 할당합니다.**

03. **모듈레이션 어마운트 : 77**

모듈레이션 어마운트 값을 77로 설정해
OSC A보다 1옥타브 위의 소리를 채워
줍니다.

그림 4_49 ENV 2 모듈레이션 설정

■ LFO 1 설정

01. **폴더 아이콘 > Sidechain > SC1**
LFO 1 왼쪽 아랫부분에 있는 폴더 모
양의 아이콘을 클릭해 SC1을 선택합
니다.

02. **TRIG 활성화**
노트가 입력될 때마다 LFO 1의 위상
은 처음부터 시작합니다.

03. **RATE: 1/4**
디폴트 값입니다. DAW의 템포에 맞
추어 1박자마다 소리를 만들어 내는데
효과적입니다(BPM 싱크가 활성화 된 상태에서).

그림 4_50 LFO 1 설정

04. **SMOOTH: 12.6**
LFO 1을 반복하여 재생할 때 끝나는 지점과 시작하는 지점을 부드럽게 이어줍니다.

■ LFO 1 모듈레이션 설정

01. **MATRIX, 두 번째 단 SOURCE > LFO 1**
세럼 전체 볼륨에 LFO 1을 할당하기 위해서는 MATRIX 탭에서 직접 연결해야 합니다. SOURCE를 클릭해 LFO 1을
선택합니다.

02. **DESTINATION > Global > Amp.**
DESTINATION을 클릭해 Global > Amp.를 선택하면 세럼 전체에서 나오는 소리의 볼륨을 모듈레이션 할 수 있습
니다. TYPE은 양방향입니다.

03. **AMOUNT: 40**
표시된 AMOUNT 하단의 슬라이드를 드래그하거나 더블클릭해 그 값을 40으로 맞춥니다. 세럼 전체 소리의 볼륨이 사
이드체인에 걸린 듯 정박에서 작아지고 엇박자에 서서히 커집니다.

그림 4_51 LFO 1 모듈레이션 설정

■ FX 순서 설정

이펙터의 순서는 다음과 같습니다.

CHORUS – REVERB – EQ – COMPRESSOR – FILTER

■ CHORUS 설정

01. **DELAY 1 : 0.1ms, DELAY 2 : 0.4ms, FEED : 15**

딜레이 값을 다르게 하면 사운드가 번지고 결과적으로 조금 부드러워집니다. 피드백은 과도하지 않게 설정합니다.

02. **MIX : 40, 나머지는 디폴트 값입니다.**

코러스 이펙트로 인해 부드러워진 소리와 톱니파의 에너지 사이에 균형을 잡아줍니다.

그림 4_52 CHORUS 설정

■ REVERB 설정

01. **디폴트 HALL, SIZE : 30, HIGH CUT : 46**

디폴트 값보다 SIZE는 약간 작게 설정하며 HIGH CUT으로 고음역대의 울림을 약간 억제해 줍니다.

02. **SPIN : 0, SPIN DEPTH : 0, MIX : 23**

스핀과 관련된 값은 0으로 해 좌우로 울리는 것을 막아주고, MIX 값은 23으로 조절해 기존 소리와 리버브 사이의 밸런스를 잡아 줍니다. 나머지는 디폴트로 둡니다.

그림 4_53 REVERB 설정

■ EQ 설정

01. **오른쪽 아래에 있는 LPF 선택**

초고음역대를 제거하기 위해 로우패스 필터를 선택합니다.

02. **FREQ : 15000Hz, Q : 41, GAIN : −24dB**

15000Hz보다 위에 있는 음역대를 제거해 사운드를 한층 더 부드럽게 합니다. Q 값과 GAIN을 조정해 설정된 주파수 위의 값을 확실히 제거해 줍니다.

그림 4_54 EQ 설정

■ COMPRESSOR 설정

01. **THRESH : −18.6dB, ATTACK : 2.1ms, RELEASE : 0.1ms, GAIN : 9.0dB**

컴프레서로 전체적인 소리를 압축하고 줄어든 음량은 게인으로 다시 올려줍니다.

02. **MULTIBAND 활성화 > H : 101, M : 149, L : 0 값을 그래프 막대기 클릭과 드래그로 설정합니다.**

멀티밴드를 활성화해 주파수 대역별로 컴프레서를 다르게 설정합니다. 중간음역대에 가장 강력한 컴프레서를 걸어주어 전체 소리를 딱딱하게 만듭니다.

그림 4_55 COMPRESSOR 설정

■ FX > FILTER 설정

01. **Normal > High 24**

기울기가 큰 하이패스 필터를 선택해 컷오프 프리퀀시 밑의 소리를 최대한 제거합니다.

02. **CUTOFF : 400Hz**

원곡은 400Hz 아래의 소리를 가지고 있지 않습니다. 최대한 비슷하게 제거해 줍니다.

그림 4_56 FX FILTER 설정

■ VOICING 설정

01. **MONO 활성화**

일반적인 리드 소리처럼 모노로 설정하며 포르타멘토를 효과적으로 사용할 수 있습니다.

02. **ALWAYS 활성화, PORTA : 70ms**

음을 연주할 때 음과 음 사이를 포르타멘토 효과로 연결하여 원곡의 리드 소리처럼 만들어 줍니다.

그림 4_57 VOICING 설정

■ **사운드 확인하기**

원곡 Calvin Harris – Summer와 같이 BPM 128의 세럼이 삽입된 미디 트랙을 만들고, 원곡의 느낌을 살린 다음의 악보를 참고하여 미디 노트를 만들어 봅니다. 마지막으로 사운드를 재생해 확인합니다.

악보 4_3 Summer 스타일

4.4. Armin Van Buuren – Blah Blah Blah

빅룸 하우스 풍의 아르민 판 뷔런(Armin Van Buuren)의 **Blah Blah Blah**에 등장하는
리드 소리입니다. 필터링 된 고음역대의 톱니파를 컴프레싱하여 만든 강한 소리가 인상적
입니다.

 알고 가기

아르민 판 뷔런은 네덜란드의 DJ 겸 프로듀서이며 파울 판 디크(Paul Van Dyk),
티에스토(Tiesto), BT와 함께 트랜스(Trance) 음악의 4대 아티스트입니다. 주
력 장르는 프로그레시브 트랜스(Progressive Trance)이며 2000년대 더치 트랜
스(Dutch Trance) 열풍을 일으킨 장본인입니다. 그는 14살 때부터 음악을 만들
기 시작했으며 19살인 1995년에 첫 싱글 **Blue Fear**를 발표했습니다. 1999년
에는 본인의 레이블 ARMIND를 설립하기도 했으며, 2001년부터는 Armanda Music을 설립해 신인을 발굴
하고 많은 트랜스 명반을 발매했습니다. 네덜란드 국왕으로부터 그의 공적을 인정받아 훈장을 받기도 했습니
다. 2001년부터는 트랜스 음악을 주로 틀어주는 'A State of Trance'라는 라디오 방송을 진행하며 트랜스 음
악 마니아로부터 꾸준한 사랑을 받았습니다. 2013년 Intense 앨범을 기점으로 대세로 떠오른 하우스 곡들을
제작하고 최근에는 몇 곡의 트랜스와 더불어 빅룸 계열의 곡들을 발표하고 있으며, 2017년부터는 팝에 가까
운 곡들부터 트랜스, 프로그레시브 하우스 등 다양한 장르의 곡들을 발표하기도 했습니다. 2018년에 발표한
Blah Blah Blah는 트랜스의 하위 장르인 사이키델릭 트랜스(Psychedelic Trance)이며 유튜브 공식 뮤직비
디오는 조회수가 3억 뷰를 넘었습니다.

■ OSC A 설정

01. OSC A 전원 ON, 파형 Default

원곡의 리드는 톱니파를 기반으로 만들어진 사운드입니다.

02. RAND : 0

항상 같은 소리를 연주하기 위해 RAND를 0으로 설정합니다. 나머지는
디폴트 값 그대로 둡니다.

그림 4_58 OSC A 설정

■ OSC B 설정

01. OSC B 전원 ON, OSC A와 같이 디폴트 파형 선택

02. OCT : +1

OSC A보다 한 옥타브 위를 채워주며 전체 소리를 더욱 강력하게 만들어 줍니다.

03. RAND : 0

OSC A와 함께 항상 같은 소리를 연주하기 위해 RAND 값은 0으로 설정합니다.

그림 4_59 OSC B 설정

■ FILTER 설정

01. FILTER 전원 ON, A(디폴트), B 활성화

필터를 OSC A, B에 적용합니다. 필터 타입은 디폴트를 그대로 사용합니다.

02. CUTOFF : 1216Hz

기본값을 1216Hz로 설정하고 나중에 CUTOFF 노브에 모듈레이션을 할당합니다.

그림 4_60 FILTER 설정

■ ENV 2 설정

01. ATTACK : 94ms

필터의 컷오프 프리퀀시를 모듈레이션하는 소스입니다. 설정한 어택 타임인 94ms 동안 필터가 열리며 브라스 악기와 비슷한 어택감의 소리를 만들어 줍니다.

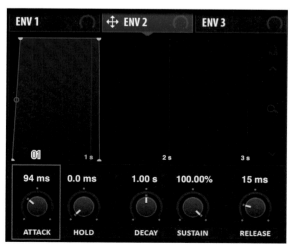

그림 4_61 ENV 2 설정

■ 모듈레이션 설정

01. ENV 2의 사 방향 화살표를 FILTER의 CUTOFF로 드래그 앤드 드롭합니다.

02. 모듈레이션 어마운트: 60, 타입은 한 방향입니다.

필터의 CUTOFF는 ENV 2에서 설정한 값에 의해 열리게 되는데, 그때 고음역대 소리를 내보냅니다.

그림 4_62 모듈레이션 설정

■ FX 순서 설정

01. FX 랙의 순서는 DISTORTION – EQ – REVERB – FILTER – COMPRESSOR
    입니다.

■ DISTORTION 설정

01. Tube(디폴트)

그림 4_63 FX 순서 설정

02. DRIVE: 91, 나머지는 디폴트입니다.

디스토션은 배음 구조를 복잡하게 하여 소리를 조금 지저분하게 하지만 강하게 만들어 줍니다.

그림 4_64 DISTORTION 설정

■ EQ 설정

01. 왼쪽 피킹 필터 선택

특정 부분의 주파수를 증폭해 줍니다.

02. FREQ : 573Hz, Q : 50, GAIN : 12.9dB

573Hz 영역을 증폭하면 전체 소리에 '옹'하는 듯한 소리가 더해집니다.

03. 오른쪽 LPF 선택

초고음역대를 제거하여 중음역대를 비교적 강조합니다.

04. FREQ : 5273Hz, Q : 46

5273Hz보다 높은 음역대의 소리를 제거하여 소리를 중음역대에 집중시킵니다. 일반적으로 EDM에서 초고음역대는 하이햇, 크래쉬 또는 리버브의 잔향으로 채워주는 경향이 있습니다.

그림 4_65 EQ 설정

■ REVERB 설정

01. 디폴트 HALL, SIZE : 41, DECAY : 5.9s, HIGH CUT : 72%

디폴트 값보다 사이즈는 약간 크게 설정하며 긴 디케이 값으로 사운드가 오래 울려 퍼지게 합니다.

02. SPIN : 50, SPIN DEPTH : 15, MIX : 23

스핀 관련 설정으로 리버브가 왼쪽, 오른쪽으로 번갈아 가며 번져나갑니다. 원래 소리와 리버브 양의 밸런스를 MIX로 조정해 줍니다.

그림 4_66 REVERB 설정

■ FX > FILTER 설정

01. Normal > High 24

컷오프 프리퀀시의 아래 음역대를 제거하기에 유용한 기울기가 큰 하이패스 필터를 선택합니다.

02. CUTOFF : 638Hz

638Hz 아래 사운드를 최대한 제거합니다.

03. DRIVE : 100, FAT : 100

필터를 통해 들어오고 나가는 소리를 최대한 증폭합니다.

그림 4_67 FX FILTER 설정

■ COMPRESSOR 설정

01. THRESH : −6.2dB, RATIO : 6:1

컴프레서로 전체적인 소리를 강하게 압축합니다.

02. ATTACK : 0ms, RELEASE : 0.1ms, GAIN : 6.2dB

어택과 릴리즈를 짧게 하고 게인을 조정해 압축된 소리를 증폭합니다.

그림 4_68 COMPRESSOR 설정

■ MASTER 설정

01. MASTER : 52

　　클리핑이 생기지 않도록 전체 볼륨을 낮춰줍니다.

그림 4_69 MASTER 설정

■ 사운드 확인하기

원곡 **Armin Van Buuren – Blah Blah Blah**와 같이 BPM 138의 세럼이 삽입된 미디 트랙을 만들고, 원곡의 느낌을 살린 다음의 악보를 참고하여 미디 노트를 만들어 봅니다. 마지막으로 사운드를 재생해 확인합니다.

악보 4_4 Blah Blah 스타일

4.5. Martin Garrix, Dimitri Vegas & Like Mike – Tremor

빅룸 하우스 곡 **Martin Garrix, Dimitri Vegas & Like Mike – Tremor**의 리드 악기입니다. 배음이 풍부한 톱니파를 만드는 것과 엔벨로프를 이용한 CRS의 피치 모듈레이션이 중요합니다.

알고 가기

이 곡은 DJ 겸 프로듀서인 마틴 개릭스와 DJ 듀오 디미트리 베가스 앤 라이크 마이크(Dimitri Vegas & Like Mike)의 빅룸 하우스 EDM으로 2014년 4월 비트포트, 6월 20일 영국 아이튠즈(iTunes)에서 출시됐습니다. 영국 싱글 차트 30위로 시작했으며 그 외에 다른 나라의 차트에서도 좋은 성적을 거뒀습니다. 디미트리 베가스는 벨기에, 라이크 마이크는 그리스 출신의 DJ입니다.

■ OSC A 설정

01. OSC A 전원 ON, 파형 Default

원곡 리드의 소리는 많은 배음을 가지고 있는 톱니파를 기반으로 합니다.

02. OCT : –3

추후 CRS는 모듈레이션 되며 연결된 건반으로 멜로디를 연주할 때 1옥타브가 올라가 추가로 옥타브 설정 없이 메인 멜로디 영역을 연주할 수 있습니다.

03. UNISON : 16, DETUNE : 0.32, BLEND : 63

긁는 듯한 소리는 많고 복잡한 배음을 사용해 만들 수 있습니다. 유니즌과 디튠을 사용해 피치를 넓혀주고 블렌드를 사용하여 중심부를 상대적으로 살려줍니다.

04. PHASE : 0, RAND : 100(디폴트)

첫소리는 페이즈 0도에서 시작되며 추후에는 무작위로 설정돼 더 거친 소리를 만들 수 있습니다.

그림 4_70 OSC A 설정

▪ OSC B 설정

01. OSC B 전원 ON, Analog > Basic Shapes

02. WT POS: 2

OSC A와 같은 톱니파이지만 파형의 뻗어 나가는 방향이 다릅니다. 이 차이가 더 거친 소리를 만듭니다.

03. OCT: −3

추후 모듈레이션 될 때 OSC A보다 1옥타브 위에서 연주되어 전체 소리를 더 선명하게 합니다.

그림 4_71 OSC B 설정

04. UNISON: 16, DETUNE: 0.33, BLEND: 62

OSC A와 같이 유니즌과 디튠을 사용해 거친 소리를 만들어냅니다. OSC A의 설정과는 약간 다르게 하여 OSC A와 B의 합쳐진 소리를 좀 더 풍부하고 거칠게 만듭니다.

05. LEVEL: 28

OSC A의 소리를 채워주는 역할이라 상대적으로 볼륨이 작습니다. 추후 모듈레이션 됩니다.

그림 4_72 OSC B 설정

▪ NOISE 설정

01. NOISE 전원 ON, Analog > ARP white

톱니파와 노이즈의 혼합은 EDM 메인 신스를 만드는 데 가장 인기 있는 조합입니다. 노이즈는 톱니파의 고음역대에 더해져 톱니파의 고음역대 배음처럼 들리게 합니다.

02. PITCH: 47

추후 모듈레이션 됩니다.

03. LEVEL: 33

OSC A, B의 소리를 보조해주는 역할을 고려해 볼륨 밸런스를 맞춰 줍니다.

그림 4_73 NOISE 설정

▪ FILTER 설정

01. FILTER 전원 ON, MG Low 12

02. A, B, N 활성화

필터를 OSC A, B, NOISE에 함께 적용합니다.

03. CUTOFF : 2373Hz

기본값을 2373Hz으로 설정해 고음역대를 부드럽게 제거합니다. 추후 모듈레이션
됩니다.

04. DRIVE : 15

필터 안에서 전체 사운드의 볼륨을 증폭합니다.

그림 4_74 FILTER 설정

그림 4_75 FILTER 설정

▪ ENV 2 설정

01. ATTACK : 111ms

추후 모듈레이션에 적용되는 시간을 설정합니다.

02. 포인트 끌어서 모양 설정

그림과 같은 모양으로 설정해 추후 할당되는 모든
파라미터의 모듈레이션을 부드럽게 합니다.

그림 4_76 ENV 2 설정

■ ENV 2 모듈레이션 설정

01. ENV 2의 사 방향 화살표를 NOISE의 PITCH로 드래그 앤드 드롭합니다.

02. 모듈레이션 어마운트: 13

노트가 입력되면 111ms 동안 노이즈의 피치가 올라가고 서스테인 레벨만큼 그 상태가 유지됩니다.

그림 4_77 ENV 2 모듈레이션 설정

03. ENV 2의 사 방향 화살표를 OSC A, B의 CRS로 각각 드래그 앤드 드롭합니다.

04. MATRIX 탭 > Env 2의 OSC A CoarsePit 모듈레이션 할당, AMOUNT: 19 또는 24st

콜스피치 모듈레이션은 MATRIX 탭에서 설정하는 것이 편합니다. 어마운트를 19 또는 24st로 입력합니다. 2옥타브가 변화하게 됩니다.

그림 4_78 CRS 모듈레이션 할당

05. 모듈레이션 타입: 한 방향

한 방향으로 설정해 OSC A가 연주될 때 2옥타브만큼 '웅~' 하고 올라가는 소리를 만듭니다.

그림 4_79 A CRS 모듈레이션 MATRIX

06. Env 2의 OSC B CoarsePit 모듈레이션 할당, AMOUNT : 28(36st)

OSC B는 콜스피치에 28 또는 36st를 입력합니다. 3옥타브가 변화하게 됩니다.

07. 모듈레이션 타입 : 한 방향

OSC B가 연주될 때 3옥타브만큼 '웅~'하고 올라가는 소리를 만듭니다.

그림 4_80 B CRS 모듈레이션 MATRIX

08. ENV 2의 사 방향 화살표를 FILTER의 CUTOFF로 드래그 앤드 드롭합니다.

09. 모듈레이션 어마운트 : 26

필터가 열리면서 고음역대 배음들과 노이즈를 재생해 강력한 소리를 만듭니다.

그림 4_81 ENV 2 CUTOFF 모듈레이션 설정

■ ENV 3 설정 및 모듈레이션

01. ATTACK : 31ms, DECAY : 281ms, SUSTAIN : 0%

플럭의 ADSR 모양과 비슷하게 설정합니다.

02. 포인트 끌어서 모양 설정

포인트를 끌어 그림과 같은 곡선을 만듭니다.

03. ENV 3의 사 방향 화살표를 OSC B의 LEVEL로 드래그 앤드 드롭합니다.

그림 4_82 ENV 3 설정

04. 모듈레이션 어마운트 : 35

OSC B의 소리는 순간적으로 커졌다가 작아집니다.

그림 4_83 ENV 3 모듈레이션 설정

■ FX 순서 설정

01. FX의 순서는 EQ - COMPRESSOR - REVERB입니다.

■ EQ 설정

01. 왼쪽 로우컷 필터 선택

베이스, 킥, 스네어 드럼과 겹칠 수 있는 저음역대를 제거합니다.

그림 4_84 FX 순서 설정

02. FREQ : 1000Hz, Q : 56, GAIN : -24dB

1000Hz 이하를 부드럽게 제거하고 1000Hz 주변을 강조하여 '옹'하는 소리를 만듭니다.

03. 오른쪽은 디폴트인 Shelf를 그대로 둡니다.

고음역대를 증폭합니다.

04. FREQ : 1132Hz, GAIN : 4.1dB, 나머지는 디폴트

1132Hz보다 높은 주파수들을 약간 증폭하여 더욱 선명하고 강한 사운드를 만듭니다.

그림 4_85 EQ 설정

■ COMPRESSOR 설정

01. THRESH : −7dB, RATIO : 5:1

컴프레서로 전체적인 사운드를 강하게 압축합니다.

02. ATTACK : 0ms, RELEASE : 127.1ms, GAIN : 4dB

어택을 짧게 하고 릴리즈를 길게 하여 전체적으로 압축하고 게인을 조정해 압축된 소리를 증폭합니다.

그림 4_86 COMPRESSOR 설정

■ REVERB 설정

01. SIZE : 41, DECAY : 6.4ms

디폴트 값보다 SIZE는 약간 크게 설정하며 긴 디케이 값으로 사운드가 오래 울려 퍼지게 합니다.

02. MIX : 41

원래 사운드와 리버브 양의 밸런스를 MIX로 조절합니다. 추후 모듈레이션 됩니다.

그림 4_87 REVERB 설정

■ ENV 1의 REVERB 모듈레이션 설정

01. ENV 1의 사 방향 화살표를 REVERB의 MIX로 드래그 앤드 드롭합니다.

02. 모듈레이션 어마운트 : −27

역방향으로 모듈레이션을 적용해 노트의 입력이 끝났을 때 리버브의 믹스 값은 증폭합니다. 리버브로 인한 울림이 원래
소리를 따라오는 듯한 느낌을 줍니다.

그림 4_88 ENV 1의 REVERB 모듈레이션 설정

■ VOICING 활성화

01. MONO 활성화

한 번에 한 음만 연주할 수 있습니다.

02. PORTA : 90ms, ALWAYS 활성화

원곡과 같이 음과 음 사이를 연결하고 ALWAYS를 활성화해 첫 음이 연주될 때
도 음이 연결되는 듯한 효과를 줍니다.

그림 4_89 VOICING 설정

■ MASTER 설정

01. MASTER : 61

　　클리핑이 생기지 않게 전체 볼륨을 조정합니다.

■ 사운드 확인하기

원곡 **Martin Garrix, Dimitri Vegas & Like Mike − Tremor**와 같이 BPM 128의 세럼이 삽입된 미디 트랙을 만들고, 원곡의 느낌을 살린 다음의 악보를 참고하여 미디 노트를 만들어 봅니다. 마지막으로 사운드를 재생해 확인합니다.

악보 4_5 Tremor 스타일

4.6. Kygo — Stole The Show

트로피칼 하우스(Tropical House) 곡인 카이고(Kygo)의 **Stole The Show**에 등장하는 리드 사운드를 만듭니다. 플루트 느낌의 엔벌로프로 BottleBlow 파형의 웨이브테이블 포지션을 모듈레이션 함으로써 플루트를 부는 듯한 소리를 재현하는 것이 중요합니다

 알고 가기

카이고는 노르웨이 출신의 작곡가 겸 DJ입니다. 2014년 신인이었던 카이고는 애드 시런(Ed Sheeran)의 **I See Fire** 리믹스로 주목받았으며, 그 계기로 콜드플레이(Coldplay)의 **Midnight**을 리믹스하게 됩니다. 2014년 싱글 데뷔곡 **Firestone**을 발표하고 UK 차트 8위, 유튜브 조회 수 및 각종 관련 차트 상위권에 들면서 성공한 DJ가 됐습니다. 그는 자신만의 색깔이 분명한 트로피칼 하우스의 대표 DJ입니다. 최근에는 딥 하우스(Deep House) 계열의 음악을 발표하기도 했습니다.

2015년 8월에 발표한 트로피칼 하우스 **Stole The Show**는 미국 가수 파슨 제임스(Parson James)가 노래를 맡았으며 많은 국가에서 사랑을 받았습니다. 이 곡은 **Firestone**과 더불어 그의 상업적 성공을 이룰 수 있게 해준 음악입니다.

▪ OSC A 설정

01. OSC A 전원 ON, Digital > BottleBlow

워밍업에서 다뤘던 바람 소리가 섞여 있는 듯한 파형입니다. 어쿠스틱 관악기 소리를 만드는 데 유용하며 특히 플루트의 바람 소리를 표현하는데 가장 적합합니다. 나머지는 디폴트 설정 그대로 유지합니다. 다만 LEVEL: 75, WT POS: 1인지 확인합니다. WT POS는 추후 모듈레이션 됩니다.

그림 4_91 OSC A 설정

■ OSC B 설정

01. **OSC B 전원 ON**, Digital > BottleBlow

OSC A와 같은 파형을 선택하여 전체 소리를 더욱 선명하게 합니다.

02. **OCT : +1**

OSC A보다 한 옥타브 위의 소리를 내며 전체적으로 조금 더 밝고 확
장된 느낌을 만듭니다.

03. **LEVEL : 53**

OSC A와의 밸런스를 고려합니다.

그림 4_92 OSC B 설정

■ ENV 2 설정

01. **ATTACK : 123ms, DECAY : 449ms, SUSTAIN : 0%**

이 패치에서 가장 중요한 부분이며 엔벌로프의 미세한 모양에 따
라 전체 소리가 달라집니다.

이 엔벌로프 값은 추후 WT POS를 모듈레이션 할 때 Bottle
Blow 파형을 변화 시켜 바람이 새는 듯한 소리를 만들어 앞에서
디자인한 소리에 실제 플루트를 부는 것 같은 느낌을 더합니다.

02. **2개의 포인트를 그림과 같이 마우스로 잡아 이동해 모양을
만듭니다.**

필요에 따라 모듈레이션한 후 소리의 변화를 들으면서 좀더 미세
하게 조절하는 방법이 효과적입니다.

그림 4_93 ENV 2 설정

■ ENV 2 모듈레이션 설정

01. ENV 2의 사 방향 화살표를 OSC A의 WT POS로 드래그 앤드 드롭합니다. 모듈레이션 어마운트 값은 100입니다.

순간적으로 WT POS에 있는 파형들을 훑으며 좀 더 자연스러운 바람 소리를 만들어 냅니다.

02. ENV 2의 사 방향 화살표를 OSC B의 WT POS로 드래그 앤드 드롭합니다. 모듈레이션 어마운트 값은 100입니다.

OSC A와 같은 효과를 만듭니다.

그림 4_94 모듈레이션 설정

■ FX 순서 설정

01. EQ – REVERB – DELAY 순으로 설정합니다.

■ EQ 설정

01. **왼쪽 로우컷 필터 선택**

저음역대를 제거하여 전체 소리를 가볍게 만듭니다.

02. FREQ : 486Hz, Q : 45, GAIN : –20dB

486Hz 이하를 부드럽게 제거합니다.

03. **오른쪽은 디폴트 값인 Shelf를 사용합니다.**

고음역대를 증폭합니다.

04. FREQ : 1004Hz, Q : 60, GAIN : 8.5dB

1004Hz보다 높은 주파수들을 증폭하여 전체 사운드를 약간 더 선명하게 만드는 동시에 바람 소리도 같이 강조합니다.

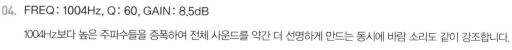

그림 4_95 FX 순서 설정

그림 4_96 EQ 설정

▪ REVERB 설정

01. 디폴트 HALL, SIZE : 28

SIZE는 디폴트 값보다 약간 작게 설정해 작은 공간을 표현합니다.

02. MIX : 35

원래 사운드와 리버브 양의 밸런스를 MIX로 조절합니다. 나머지는 디폴트 값입니다.

그림 4_97 REVERB 설정

▪ DELAY 설정

01. FEEDBACK : 40

디폴트 값 40을 확인합니다.

02. BPM 활성화 확인

정확한 딜레이 타임을 위해 BPM은 활성화돼야 하며 DAW의 템포는 원곡과 같이 100으로 설정합니다.

03. LEFT : 1/8, RIGHT : 1/8, 1.118

8분음표 주기로 딜레이가 되며, 오른쪽 채널은 미세값을 조정하여 8분음표보다 살짝 더 긴 딜레이 주기를 만듭니다. 각각의 채널이 미세하게 다른 딜레이 주기값을 가질 때 스테레오 이미지가 확장되는 효과를 만들 수 있습니다.

04. MIX : 26

원래 사운드와 딜레이 양의 밸런스를 MIX로 조절합니다.

그림 4_98 DELAY 설정

■ VOICING 설정

01. MONO 활성화

한 번에 한 음만 연주할 수 있습니다.

02. LEGATO 활성화

레가토 즉, 음들을 연결해 연주할 때는 엔벌로프가 그대로 이어서 적용되기 때문에 사운드를 자연스럽게 만들어 줍니다.

03. PORTA : 21ms

원곡과 같이 음과 음 사이를 연결하는 효과를 미세하게 줍니다.

그림 4_99 VOICING 설정

■ 사운드 확인하기

원곡 **Kygo - Stole The Show**와 같이 BPM 100의 세럼이 삽입된 미디 트랙을 만들고, 원곡의 느낌을 살린 다음의 악보를 참고하여 미디 노트를 만들어 봅니다. 마지막으로 사운드를 재생해 확인합니다.

악보 4_6 Stole The Show 스타일

4.7. Dillon Francis & DJ SNAKE – Get Low

트랩(Trap) 장르의 곡인 딜런 프랜시스(Dillon francis) & DJ 스네이크(Snake)의 Get Low에 등장하는 리드 악기입니다. 배음이 많은 톱니파와 디스토션, 컴프레서, 플랜저 등을 이용해 왜곡되고 강하게 컴프레싱된 소리를 만드는 것이 중요합니다.

 알고 가기

Get Low는 미국 출신의 DJ 겸 프로듀서인 딜런 프랜시스(Dillon francis)와 프랑스 출신의 DJ 겸 프로듀서인 DJ 스네이크(Snake)의 공동 작업으로 2014년에 발매된 트랩 스타일의 곡입니다. 이는 딜런 프랜시스의 데뷔 앨범으로, 첫 정규 앨범인 Money Sucks, Friends Rule에 수록된 곡입니다. DJ 스네이크는 Turn Down for What이란 전형적인 트랩으로 대중들에게 많이 알려져 있습니다. 리드 악기는 아랍 민요 스타일의 선율을 사용하고 있습니다.

■ OSC A 설정

01. OSC A 전원 ON, 파형 Default

긁는 듯한 소리를 만들 때는 디폴트 값인 톱니파가 효과적입니다.

그림 4_100 OSC A 설정

■ FX 순서 설정

01. DISTORTION – FLANGER – COMPRESSOR – EQ – REVERB – FILTER – DELAY

이펙터를 아래 설명에 따라 설정하면 위 순서가 됩니다.

그림 4_101 FX 순서 설정

■ DISTORTION 설정

01. **HardClip 선택**

볼륨을 최대치로 만들어서 클리핑을 발생시키는 디스토션 이펙트로 고주파수 대역에 불규칙한 배음을 만들어 냅니다. 불규칙적이고 복잡한 배음 구조는 긁는 소리를 만드는 데 효과적입니다.

02. **DRIVE : 78**

디스토션으로 들어오는 입력 신호를 증폭시킴으로써 이펙트의 효과를 극대화합니다. 나머지는 디폴트 값 그대로 둡니다.

그림 4_102 DISTORTION 설정

■ FLANGER 설정

01. **RATE : 0.05Hz, DEPTH : 53, FEED : 65**

원곡의 리드 소리를 들어보면 고주파수 대역에 플랜저 효과가 적용된 것 같은 사운드가 섞여 있습니다. 레이트를 거의 최솟값으로 설정하고 뎁스는 디폴트 값보다 줄여줍니다. 피드는 다른 값들에 비해서 약간 올려주어 작지만 선명한 플랜저 효과를 만듭니다.

02. **MIX : 49**

믹스가 100이 되면 플랜저로 인해 사운드가 얇아지기 때문에 원래 소리와의 밸런스를 잡아줍니다.

그림 4_103 FLANGER 설정

■ COMPRESSOR 설정

01. THRESH : −36.8dB, RATIO : 디폴트(4:1)

트랩 장르에서 드롭(Drop) 부분의 리드 악기는 일반적으로 컴프레스가 많이 된 소리로 강하고 선명한 특징이 있습니다.

02. ATTACK : 0ms, RELEASE : 0.1ms, GAIN : 25.8dB

어택과 릴리즈를 짧게 하여 사운드의 다이내믹 거의 없게 하고 게인을 올려 강한 소리를 만듭니다.

그림 4_104 COMPRESSOR 설정

■ EQ 설정

01. 왼쪽 Shelf 필터 선택

저음역대를 약간 증폭하여 두꺼운 소리를 만듭니다.

02. FREQ : 542Hz, Q : 40, GAIN : 1.8dB

542Hz보다 아래 주파수를 증폭하여 중음역대를 강하게 만듭니다.

03. 오른쪽 LPF 선택

고음역대를 제거합니다.

04. FREQ : 12470Hz, Q : 46, GAIN : 0dB

12470Hz보다 높은 초고음역대 주파수들을 제거해 치지직하는 듯한 노이즈와 비슷한 소리는 제거합니다. 상대적으로 중음역대의 '옹~' 하는 소리가 강조되어 원곡의 사운드와 비슷해집니다.

그림 4_105 EQ 설정

▪ REVERB 설정

01. SIZE : 37, DECAY : 4.8s

디폴트 값보다 사이즈와 디케이를 아주 약간 크게 설정합니다.

02. MIX : 33

원래 사운드와 리버브 양의 밸런스를 MIX로 조절합니다. MIX 노브는 추후 모듈레이션 됩니다.

그림 4_106 REVERB 설정

▪ FX > FILTER 설정

01. Normal > High 24

저음을 어느 정도 확실히 제거하는 하이패스 필터입니다.

02. CUTOFF : 433Hz

EQ를 사용해 부스트 한 저음 중 킥 드럼, 스네어, 베이스와 겹칠 수 있는 음역대를 제거해 사운드들이 각각 선명하게 전달될 수 있게 합니다. 나머지는 디폴트 값 그대로 둡니다.

그림 4_107 FX FILTER 설정

▪ DELAY 설정

01. FEEDBACK : 0

딜레이는 스테레오 이미지를 넓히기 위해 사용합니다. 피드백은 필요 없습니다.

02. BPM 활성화, LEFT : fast, RIGHT : fast/1.047

왼쪽과 오른쪽 채널 사이에 미세한 시간 차이를 두면 스테레오 이미지가 넓어집니다. 소리를 가운데가 아닌 조금 더 양쪽에서 들리게 하는 효과입니다.

03. MIX : 100

딜레이로 만들어진 스테레오 이미지를 그대로 유지하기 위해서 100으로 설정합니다.

그림 4_108 DELAY 설정

■ ENV 1의 REVERB 모듈레이션 설정

01. ENV 1의 사 방향 화살표를 클릭한 다음 REVERB의 MIX 노브에 드래그 앤드 드롭해 모듈레이션을 할당합니다.

02. 모듈레이션 어마운트 : −23

그림 4_109 ENV 1의 REVERB 모듈레이션 설정

이것은 노트가 재생될 때 공간감이 줄어들어 선명성을 유지할 수 있고 노트 재생이 끝난 후에는 잔향의 볼륨이 커지기 때문에 더욱 큰 공간감을 느낄 수 있습니다. 이런 테크닉은 EDM에서 메인 신스의 선명성과 공간감을 동시에 부여하기 위해 종종 사용됩니다.

■ VOICING 설정

01. MONO 활성화

한 번에 한 음만 연주할 수 있습니다.

02. LEGATO 활성화

음과 음을 연결해 연주할 때 엔벌로프가 그대로 이어져 사운드를 자연스럽게 만듭니다.

03. PORTA: 61ms

원곡처럼 확실히 들리는 포르타멘토를 만들기 위해서 충분한 포르타멘토 타임을 설정합니다. 음과 음이 자연스럽게 연결되는 데 걸리는 시간입니다.

그림 4_110 VOICING 설정

■ 사운드 확인하기

원곡 Dillon Francis & DJ SNAKE – Get Low와 같이 BPM 101의 세럼이 삽입된 미디 트랙을 만들고, 원곡의 느낌을 살린 다음의 악보를 참고하여 미디 노트를 만들어 봅니다. 마지막으로 사운드를 재생해 확인합니다.

악보 4_7 Get Low 스타일

4.8. Kygo – Firestone

트로피칼 느낌이 있는 딥 하우스 장르의 곡인 **Kygo – Firestone**에 등장하는 리드 소리 입니다. 디폴트 파형인 사각파에 약간의 노이즈를 더하고 엔벨로프와 필터 컷오프 등의 모듈레이션으로 타악기적인 어택감을 주는 것이 중요합니다.

 알고 가기

Firestone은 노르웨이 출신의 DJ 겸 프로듀서인 카이고(Kygo)의 곡으로 오스 트레일리아 가수 콘래드 슈얼(Conrad Sewell)이 보컬로 참여했습니다. 이 곡은 2014년 12월 1일에 발표해 노르웨이 싱글 1위를 차지했고, 유럽의 각종 차트의 상위권에 올랐으며 세계의 많은 팬들로부터 사랑을 받고 있습니다.

BPM 114, 코드 진행은 G – A – Bm – D입니다.

카이고에 대한 설명은 앞서 소개한 **Stole the Show** 부분을 참고하기 바랍니다.

■ OSC A 설정

01. OSC A 전원 ON, Analog > Basic Shapes

이 곡의 리드 사운드는 그 배음 구조가 단순하기에 Basic Shapes로 디자인할 수 있습니다.

그림 4_111 OSC A 파형 선택

02. WT POS : 4

사각파는 톱니파보다는 어둡고 사인파보다 밝은 소리입니다. 선명한
리드 소리를 만드는 데 적합합니다.

03. UNISON : 7, DETUNE : 0.11, BLEND : 83

유니즌을 7개로 늘리고 디튠과 블렌드로 좀 더 넓혀줍니다. 이 설정은
넓고 확장된 소리를 만듭니다.

그림 4_112 OSC A

04. LEVEL : 44

추후 설정할 노이즈와 밸런스를 맞추기 위해 레벨을 조금 줄여줍니다.

그림 4_113 OSC A 레벨

■ **NOISE 설정**

01. NOISE 전원 ON, Analog > BrightWhite

BrightWhite는 중고음역대의 노이즈를 갖습니다. 원곡의 리드 사운드에도 노
이즈 소리가 있습니다.

그림 4_114 NOISE 파형 선택

02. **PITCH : 100,**

PITCH를 올려주어 고주파수 대역의 노이즈를 발생 시켜 OSC A가 담당할 다소 높은 멜로디 라인의 소리와 잘 어우러지게 합니다.

03. **LEVEL : 0**

최솟값으로 낮추고 추후 LFO를 사용해 모듈레이션 합니다.

그림 4_115 NOISE

■ FILTER 설정

01. **FILTER 전원 ON, A, N 활성화**

필터를 활성화하고 A, N의 스위치를 켜서 필터 MG Low 12로 OSC A와 NOISE를 필터링하게 합니다.

02. **CUTOFF : 181Hz, RES : 0**

일반적인 플럭과 비슷하게 컷오프 값을 181Hz로 설정합니다. 레저넌스도 최솟값으로 맞춰 오실레이터들의 사운드에 크게 영향을 주지 않게 합니다.

필터의 컷오프는 추후 모듈레이션 됩니다.

그림 4_116 FILTER

■ ENV 1 설정

01. **RELEASE : 119ms**

앰프 엔벌로프의 릴리즈 값을 늘려주어 소리의 잔향을 부드럽게 만듭니다.

그림 4_117 ENV 1 설정

■ ENV 2 설정 및 모듈레이션

01. **DECAY : 546ms, SUSTAIN : 26.99%, RELEASE : 1.15s**

이런 엔벌로프의 모양은 배음을 순간적으로 재생하고 필터를 천천히 닫히게 하여 소리가 일반적인 플럭 사운드보다 부드럽습니다.

그림 4_118 ENV 2 설정

02. ENV 2 왼쪽의 사 방향 화살표를 필터의 CUTOFF로 드래그 앤드 드롭합니다.

03. CUTOFF 모듈레이션 값: 56

필터는 ENV 2의 모양에 따라 거의 최대치까지 열리게 됩니다.

그림 4_119 ENV 2 모듈레이션 설정

■ ENV 3 설정 및 모듈레이션

01. DECAY : 4.2ms, SUSTAIN : 0%

ENV 3는 빠른 어택과 디케이를 가진 모양으로 설정합니다.

그림 4_120 ENV 3 설정

02. MATRIX > SOURCE > Env 3, DESTINATION > Global > Mast.Tun

MATRIX 탭에서 모듈레이션을 설정합니다. Env 3로 마스터 튠을 모듈레이션 하여 어택감을 더해 줍니다.

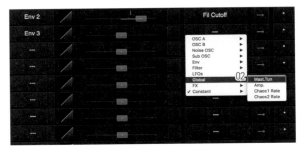

그림 4_121 ENV 3 모듈레이션 설정

03. AMOUNT : 48st

마스터 튠은 ENV 3 모양에 따라 48세미톤(4옥타브)을 짧은 시간에 순간적으로 올렸다가 내립니다. 일반적으로 타악기 소리를 만들 때 쓰이는 테크닉이며 이는 소리에 어택감을 실어줍니다.

그림 4_122 ENV 3 모듈레이션 AMOUNT 설정

■ LFO 1 설정

01. 폴더 아이콘 > Sidechain > SC1 선택

사이드체인 모양의 LFO를 사용하여 노이즈를 모듈레이션 합니다.

그림 4_123 LFO 1 사이드체인

02. TRIG 활성화

노트가 재생될 때마다 LFO가 처음부터 재생됩니다. 나머지 설정은 디폴트 값입니다.

그림 4_124 LFO 1 설정

■ LFO 1 모듈레이션 설정

01. LFO 1의 사 방향 화살표를 NOISE의 LEVEL로 드래
그 앤드 드롭하여 모듈레이션을 할당합니다.

02. 모듈레이션 어마운트: 100
노트가 재생될 때마다 약간의 시차를 두고 노이즈 소리가
뒤따라오게 합니다.

그림 4_125 LFO 1 모듈레이션 설정

■ FX 순서 설정

01. DISTORTION – COMPRESSOR – REVERB – EQ
이펙터를 아래 설명에 따라 설정하면 위 순서가 됩니다.

그림 4_126 FX 순서 설정

■ DISTORTION 설정

01. Diode 2, DRIVE: 73
다이오드 디스토션은 리드 소리를 약간 더 거칠게 만듭니다. 나머지는 디폴트 값 그대로 둡니다.

그림 4_127 DISTORTION 설정

■ COMPRESSOR 설정

01. THRESH : −23dB, RATIO : 7:1, ATTACK : 7.8ms, RELEASE : 6.3ms, GAIN : 6.4dB

7.8ms의 어택 타임은 마스터 튠 모듈레이션으로 만든 어택감을 살려주기에 충분한 시간입니다.

그림 4_128 COMPRESSOR 설정

■ REVERB 설정

01. 디폴트 HALL, SIZE : 29, DECAY : 5.3s, HIGH CUT : 73, MIX : 22

충분한 공간감을 설정하는 동시에 하이컷을 사용해 사운드가 중복되어 들리는 것을 방지합니다.

그림 4_129 REVERB 설정

■ EQ 설정

01. 왼쪽 로우컷 필터, FREQ : 367Hz, Q : 44

저주파수 대역을 제거하여 사운드를 선명하게 만듭니다. 원곡의 리드도 저주파수를 갖고 잇지 않습니다.

02. 오른쪽 LPF, FREQ : 3164Hz, Q : 43

고주파수 대역 역시 제거하여 디스토션 등으로 거칠어진 소리를 조금 더 부드럽게 만들어 줍니다.

그림 4_130 EQ 설정

■ 사운드 확인하기

원곡 **Kygo − Firestone**과 같이 BPM 114의 세럼이 삽입된 미디 트랙을 만들고, 원곡의 느낌을 살린 다음의 악보를 참고하여 미디 노트를 만들어 봅니다. 마지막으로 사운드를 재생해 확인합니다.

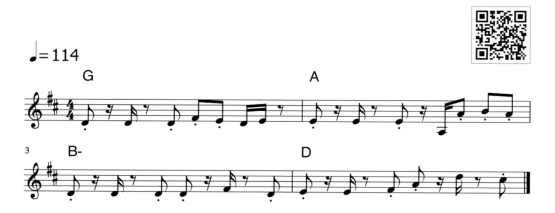

악보 4_8 Firestone 스타일

4.9. DVBBS & Borgeous — TSUNAMI

DVBBS & Borgeous — TSUNAMI에 등장하는 플럭 스타일의 리드 소리입니다.

톱니파와 노이즈 파형을 이용해 타악기 스타일의 엔벌로프를 만들어주고 모듈레이션 효과를 추가해서 사운드를 완성합니다. 이 곡의 메인 신스는 빅룸 스타일의 대표적인 사운드입니다.

알고 가기

TSUNAMI는 캐나다 출신의 2인조 형제로 구성된 덥스(DVBBS)와 미국 출신의 EDM DJ 보저스(Borgeous)가 발표한 노래로 2013년 9월 네덜란드 레이블 Doorn Records에서 싱글로 발표됐습니다. 이 곡은 비트포트(Beatport) 100. 네덜란드, 벨기에 차트에서 1위를 차지하고 빌보드를 비롯해 각 나라의 EDM 차트 상위권에 올랐습니다. 세계적인 EDM 페스티발인 투마로우랜드(TomorrowLand)에서 2013년 가장 많이 연주된 곡으로도 뽑혔습니다. 영국 출신의 합합 아티스트 타이니 템파(Tinie Tempah)가 보컬 피처링을 한 2014년 발표곡 TSUNAMI(Jump)라는 버전도 있으니 들어보길 바랍니다.

■ OSC A 설정

01. OSC A 전원 ON, 파형 Default

디폴트 파형인 톱니파는 배음이 많아 플럭 사운드를 만들기에 적절합니다.

02. UNISON : 8, BLEND : 67

유니즌의 보이스를 8개로 늘리고 블렌드로 볼륨 구조를 설정합니다. 디튠은 디폴트 설정을 그대로 사용합니다.

03. LEVEL : 78

OSC A는 이 패치의 주요 사운드이므로 LEVEL을 살짝 올려줍니다.

그림 4_131 OSC A 설정

■ OSC B 설정

01. OSC B 전원 ON, 파형 Default

OSC B 역시 플럭 사운드를 만들기에 적절한 디폴트 파형인 톱니파
를 사용합니다.

02. OCT : +1

OSC A보다 한 옥타브 높게 설정해 고음역대 배음을 더 늘립니다. 소
리는 더욱 밝아집니다.

03. UNISON : 8, BLEND : 65

OSC A와 같이 UNISON을 늘리고 보이스들의 볼륨 구조를
BLEND로 설정합니다. BLEND는 OSC A의 설정과는 약간 다르게
하여 전체적인 사운드가 좀 더 넓어지게 합니다.

04. LEVEL : 62

OSC A를 보완하는 역할을 하므로 레벨을 OSC A보다 약간 작게 설정합니다.

그림 4_132 OSC B 설정

■ FILTER 설정

01. FILTER 전원 ON, A와 B 활성화

FILTER의 전원을 켜고 A, B를 활성화시켜 OSC A와 B의 소리를 필터링합니다.
필터 타입은 디폴트인 MG Low 12로 그대로 둡니다.

02. CUTOFF, RES는 디폴트 값을 사용합니다.

추후 모듈레이션을 위한 CUTOFF의 최솟값인 디폴트로 그냥 둡니다.

그림 4_133 FILTER 설정

■ NOISE 설정

01. NOISE 전원 ON, FP_Inharms > Inharmx 2

Inharmx 2는 불규칙한 배음들을 가지고 있는 사운드입니다. 원곡 사운드의 특징처럼
플럭에 타악기 노이즈와 같은 불규칙한 배음을 추가합니다. 다른 설정 때도 마찬가지
만 전원은 언급하지 않아도 기본적으로 활성화합니다.

그림 4_134 NOISE 설정

02. PITCH: 80

PITCH를 올려 고음역대에 노이즈를 재생합니다. 고음역대인 사운드의 어택에 노이즈가
섞이게 됩니다.

03. LEVEL: 0

최솟값으로 낮추고 추후 ENV를 사용해 모듈레이션 합니다.

그림 4_135 NOISE 설정

■ ENV 1 설정

01. RELEASE: 1.6s

앰프 엔벌로프인 ENV 1의 RELEASE를 길게 해 잔향이 리버브
와 같이 오래 울리게 합니다.

■ ENV 2 설정

01. DECAY: 333ms, SUSTAIN: 0%

ENV 2는 FILTER의 컷오프 프리퀀시와 NOISE의 볼륨을 모듈
레이션 합니다. 플럭 사운드를 만들기 위해서는 순간적으로 가장
많은 배음을 내보내고 FILTER를 빨리 닫아 배음을 제거해야 합
니다. NOISE 볼륨 또한 FILTER의 개폐와 같은 시간에 작동하
게 해 사운드가 잘 어울리게 합니다.

그림 4_136 ENV 1 설정

그림 4_137 ENV 2 설정

■ ENV 2 모듈레이션 설정

01. ENV 2 왼쪽의 사 방향 화살표를 NOISE의 LEVEL로 드래그 앤드 드롭해 모듈레이션을 할당하고 모듈레이션 어마운트 값은 50으로 설정합니다.

OSC A, B와 밸런스를 맞춰 LEVEL 50까지 노이즈 소리가 순간적으로 커졌다가 빠르게 작아집니다.

02. ENV 2를 FILTER의 CUTOFF에 할당한 후 모듈레이션 어마운트 값을 100으로 설정합니다.

ENV 2가 모듈레이션하는 LEVEL과 FILTER의 열리고 닫히는 시간이 동기화됩니다.

그림 4_138 ENV 2 모듈레이션 설정

■ ENV 3 설정

01. DECAY : 4.6ms, SUSTAIN : 0%

ENV 3는 마스터 튜닝을 모듈레이션하여 어택감을 형성하게 됩니다. 그러므로 빠른 어택과 디케이 타임이 필요합니다.

그림 4_139 ENV 3 설정

■ ENV 3 모듈레이션 설정

01. SOURCE > Env 3 선택

MATRIX 탭을 클릭하고 SOURCE에서 Env 3을 선택합니다.

그림 4_140 ENV 3 모듈레이션 설정

02. DESTINATION > Global > Mast.Tun

데스티네이션에서 Mast.Tun을 선택합니다.

그림 4_141 ENV 3 모듈레이션 설정

03. AMOUNT : 100

모듈레이션 어마운트를 최대치로 설정합니다. ENV 3의 모양에 따라 전체 음의 빠른 음 변화는 '딱~'하는 듯한 어택감이
있는 사운드를 만듭니다.

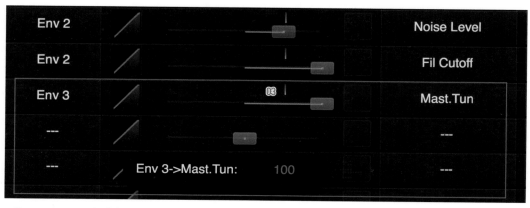

그림 4_142 ENV 3 모듈레이션 설정

▪ FX 순서 설정

01. HYPER/DIMENSION – COMPRESSOR – DELAY – EQ – REVERB

이펙터의 순서에 따라 사운드도 영향을 받을 수 있습니다.

그림 4_143 FX 순서 설정

▪ HYPER/DIMENSION 설정

01. MIX : 0

하이퍼는 사용하지 않으므로 믹스 값을 최소화합니다.

02. SIZE : 17, MIX : 76

디멘션은 소리가 넓은 장소에서 들리는 것 같은 효과를 줍니다. 사이즈는 작게 설정하고, 믹스 값을 크게 설정해 전체 사운드에 약간의 공간감과 스테레오감을 부여합니다.

그림 4_144 HYPER/DIMENSION 설정

▪ COMPRESSOR 설정

01. THRESH : −26dB, RATIO : 8:1, ATTACK : 0ms, RELEASE : 01ms, GAIN : 16dB

어택 타임을 최소화하고 전체 소리를 강력하게 눌러주는 스레숄드, 레이쇼의 설정으로 감소한 볼륨 값을 게인으로 회복시킵니다. 같은 볼륨 값이지만 컴프레서를 설정한 후에는 소리가 더 강해집니다.

그림 4_145 COMPRESSOR 설정

▪ DELAY 설정

01. FEEDBACK : 37

딜레이 이펙트로 생긴 사운드를 얼마나 반복하는지 결
정합니다. 딜레이 사운드가 들리도록 적절한 값을 설정
합니다.

그림 4_146 DELAY 설정

02. LEFT : 1/16, RIGHT : 1/16, 0.991

2채널에 딜레이 타임을 16분음표 단위로 주며 미세한 설정을 다르게 하여 소리가 양쪽으로 퍼져 나가는 듯한 느낌을 만
듭니다.

03. F : 4052Hz, Q : 5.2

딜레이 신호의 중저주파수 대역을 제거해 사운드를 보다 선명하게 만듭니다.

04. PING – PONG 활성화, MIX : 21

핑퐁 딜레이의 신호는 왼쪽, 오른쪽 채널을 번갈아 가면서 나와 스테레오감을 더할 수 있습니다. MIX는 조금만 설정해
원래 사운드를 방해하지 않게 합니다.

그림 4_147 DELAY 설정

▪ EQ 설정

01. 왼쪽 로우컷 필터 선택, FREQ : 348Hz, Q : 44

불필요한 저음을 제거합니다.

02. 오른쪽 Shelf, FREQ : 2648Hz, Q : 60, GAIN : 2.5dB

고주파수 대역을 살짝 올려주어 전체 소리를 더욱 밝게 만듭니다.

그림 4_148 EQ 설정

■ REVERB 설정

01. **디폴트** HALL, SIZE : 36, DECAY : 5.3s, HIGH CUT : 51, MIX : 27

충분한 공간감을 설정하는 동시에 하이컷을 사용해 사운드가 중복돼 들리는 것을 방지합니다. 소리가 중복되는 것을 피하고 더 큰 공간감을 만들고 싶다면 세럼 리버브 대신 외장 리버브 플러그인을 사용하는 것을 권장합니다.

그림 4_149 REVERB 설정

■ MASTER 설정

01. MASTER : 81

마스터 볼륨을 올려서 전체 소리를 충분히 크게 합니다.

그림 4_150 MASTER 설정

■ 사운드 확인하기

원곡 **DVBBS & Borgeous - TSUNAMI**와 같이 BPM 128의 세럼이 삽입된 미디 트랙을 만들고, 원곡의 느낌을 살린 다음의 악보를 참고하여 미디 노트를 만들어 봅니다. 마지막으로 사운드를 재생해 확인합니다.

악보 4_9 TSUNAMI 스타일

4.10. Oliver Heldens – GECKO

올리버 헬든스(Oliver Heldens)의 퓨처 하우스(Future House) 곡인 **GECKO**에 등장하
는 베이스 소리입니다. 삼각파, 플럭 스타일의 베이스를 위한 엔벌로프 설정과 필터 모듈
레이션, FM(Frequency Modulation), 디맨션을 통한 링잉 효과가 중요합니다.

 알고 가기

GECKO는 네덜란드 출신의 DJ 및 프로듀서인 올리버 헬든스의 음악입니
다. GECKO는 2013년 12월 30일에 비트포트(Beatport)에서 발매된 디지
털 싱글입니다. 2014년 6월 22일에는 영국가수 베키 힐(Becky Hill)이 보
컬로 참여한 Gecko (Overdrive) 버전을 출시했습니다. 출시하자마자 'UK
Dance Chart'와 'UK Singles Chart' 모두 1위를 차지했습니다. 올리버 헬던
스는 **GECKO** 이전의 곡에서도 베이스를 강조한 음악을 선보였는데 티에스토
(Tiesto)에 의해 발탁되어 발매한 **GECKO**가 성공하게 된 후 퓨처 하우스 장르를 유행시키는 선두주자가 됐
습니다.

■ OSC A 설정

01. OSC A 전원 ON, Analog > Basic Shapes, WT POS: 3, OCT: −1
파형은 WT POS 값을 3으로 설정해 삼각파를 사용합니다. 추후 FM을 사
용하여 사운드를 변형시키는데 이때 배음이 많은 파형은 그 변화를 거쳐
사운드가 복잡해질 수 있기 때문에 배음이 비교적 적은 삼각파를 선택합니
다. FM 설정은 OSC A의 피치가 올라갈 것을 대비해 미리 옥타브를 −1
로 설정해서 내려줍니다.

그림 4_151 OSC A 설정

02. UNISON : 7, DETUNE : 0.11, BLEND : 67

추후 FM 효과를 극대화하기 위해서 적절한 유니즌과 디튠 값이 중요

합니다. 원음이 흔들리지 않도록 디튠과 블렌드를 설정합니다.

03. RAND : 0, LEVEL : 72

항상 같은 소리를 낼 수 있도록 RAND 값을 0으로 설정합니다. 레벨

은 밸런스를 고려해 살짝 내려줍니다.

그림 4_152 OSC A Warp 설정

■ OSC B 설정

01. OSC B 전원 ON, 파형 Default

기본 파형으로 OSC A를 모듈레이션 하게 됩니다.

02. OCT : +1

OSC B는 FM의 모듈레이터 역할을 하므로 옥타브 설정에 따라

OSC A의 배음 구조가 달라집니다. OCT를 올리면 벨소리처럼 울리

는 배음들을 만들 수 있습니다.

03. LEVEL : 0

OSC B는 주파수 모듈레이션의 소스로만 사용합니다. 사운드는 들리

지 않습니다. FM 상의 모듈레이터 역할을 합니다.

그림 4_153 OSC B 설정

■ OSC A Warp 설정

01. FM (from B)

OSC A의 Warp > FM (from B)을 선택합니다. OSC B는 모듈레이터가, OSC A는 캐리어가 됩니다.

02. Warp : 68%(FM 어마운트)

모듈레이션 어마운트에 따라 생성되는 배음의 위치가 결정되기 때문에 정확한 수치를 적용해야 합니다.

그림 4_154 OSC A Warp 설정

■ SUB 설정

01. SUB 전원 ON, 사인파 선택, LEVEL : 29

FM으로 인해 복잡해진 배음 구조에 서브 오실레이터의 사인파를 더해 전체 사운드를 두껍게 만듭니다. OCTAVE는 디폴트 값 0을 사용해 원래 멜로디를 연주합니다. LEVEL은 다른 오실레이터와의 밸런스를 고려한 값입니다.

그림 4_155 SUB 설정

■ FILTER 설정

01. FILTER 전원 ON, A, S 활성화, CUTOFF : 8Hz, RES : 20

디폴트 타입인 MG Low 12를 사용하며 CUTOFF 값을 최소화합니다. 추후 모듈레이션 됩니다. 레저넌스는 약간 올려주어 모듈레이션 할 때 컷오프 프리퀀시의 변화를 강조합니다. OSC A와 SUB에 필터가 적용됩니다.

02. DRIVE : 31

필터에 들어오는 인풋을 올려주어 필터로 인해 영향받는 사운드를 극대화합니다. 드라이브 설정은 볼륨을 크게 하면서 필터에 힘을 실어 줍니다.

그림 4_156 FILTER 설정

■ ENV 1 설정

01. **DECAY: 550ms, SUSTAIN: -18.2dB, RELEASE: 252ms**
일반적인 일렉트릭 베이스의 ADSR을 적용합니다.

그림 4_157 ENV 1 설정

■ ENV 2 설정

01. **DECAY: 635ms, SUSTAIN: 20%, RELEASE: 100ms**
ENV 1과 비슷하게 설정하며 추후 필터의 컷오프를 모듈레이션
합니다.

02. **그림과 같이 그래프 만들기**
디케이 중앙의 점을 잡아 위로 약간 올려 그래프를 그림과 같이
조금 완만하게 만듭니다. 이 완만함은 컷오프 프리퀀시가 상승한
다음 하강할 때 적용되며, 사운드의 디케이 부분을 약간 부드럽게
만듭니다.

그림 4_158 ENV 2 설정

■ ENV 2 모듈레이션 설정

01. **ENV 2를 CUTOFF에 할당**
ENV 2의 사 방향 화살표를 FILTER의 CUTOFF로 드래그 앤드 드롭합니다.

02. **모듈레이션 어마운트: 100**
모듈레이션을 할당할 경우 디폴트 값이 100이 됩니다. 그렇지 않을 경우 양을 최대치인 100으로 설정해 ENV 2로 인해
필터가 완전히 열린 후 다시 완전히 닫히도록 합니다.

그림 4_159 ENV 2 모듈레이션 설정

■ ENV 3 설정

01. DECAY : 0.7s, SUSTAIN : 0%

일반적인 타악기의 ADSR로 설정합니다. 추후 피치 모듈레이션
이 추가됩니다.

■ ENV 3 모듈레이션 설정

01. SOURCE > Env 3

MATRIX 탭을 클릭하고 소스에서 Env 3를 선택합니다.

02. DESTINATION > Global > Mast.Tun

데스티네이션에서 Mast.Tun을 선택합니다.

그림 4_160 ENV 3 설정

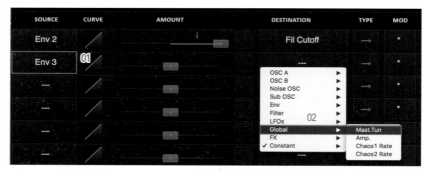

그림 4_161 ENV 3 모듈레이션 할당

03. AMOUNT : 100

모듈레이션 어마운트를 최대치로 설정합니다. 세럼의 전체 피치가 순간적으로 올라갔다가 다시 순간적으로 하강합니다.

이때 어택감을 만들며 '딱'하는 소리가 생성됩니다. 타악기를 디자인할 때 쓰이는 일반적인 테크닉입니다.

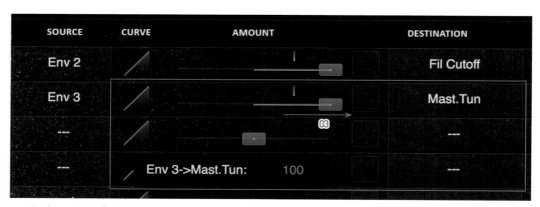

그림 4_162 ENV 3 모듈레이션 설정

■ FX 순서 설정

01. FX 순서는 HYPER/DIMENSION – DISTORTION – CHORUS – EQ – COMPRESSOR – REVERB – FILTER입니다.

그림 4_163 FX 순서 설정

■ HYPER/DIMENSION 설정

01. HYPER 디폴트 값 사용

HYPER는 세럼으로 만든 전체 사운드를 보이스화하고 그 보이스를 늘려주며 디튠 효과를 추가합니다. 기본 설정을 사용하여 음이 살짝 흔들리게 만듭니다.

02. DIMENSION > SIZE : 49, MIX : 17

일반적으로 사운드를 넓은 장소에서 들리는 것처럼 만드는 이펙트이지만 이 설정은 전화벨이 울리는 것 같은 링잉 효과를 더해줍니다.

그림 4_164 HYPER/DIMENSION 설정

■ DISTORTION 설정

01. PRE 활성화

PRE를 선택해 입력 신호를 필터링한 후 디스토션 이펙트를 더합니다.

02. HP : 100, FREQ : 331Hz, Q : 0.1

HP 쪽으로 최대치까지 올려 하이패스 필터를 선택합니다. 불필요한 저음을 제거하며 동시에 디스토션 이펙트를 입힐 수 있습니다. 331Hz를 기준으로 설정한 주파수(FREQ)에 디스토션을 걸어주며 초고역대는 약간 줄여서 소리가 너무 날카로워지지 않게 만듭니다. 수치를 입력한 다음 마우스로 직접 드래그해 다음의 그림과 같은 모양을 만듭니다.

03. DRIVE : 86, MIX : 12

드라이브는 강하게, 믹스는 적은 값을 설정해 전체 사운드에 약간의 Tube로 인한 노이즈를 더하고 어택감 또한 약간 상승시킵니다.

그림 4_165 DISTORTION 설정

■ CHORUS 설정

01. 디폴트 설정

코러스의 디폴트 설정은 주파수가 변형되어 사운드가 퍼져 나가는 듯한 느낌을 줍니다. 앞에서 설정한 FM 모듈레이션 사운드 효과를 더욱 배가시킵니다.

그림 4_166 CHORUS 설정

■ EQ 설정

01. 왼쪽 로우컷 필터, FREQ : 378Hz, Q : 54

EQ의 왼쪽은 원래 사운드에 포함되지 않은 저음 부분을 제거하는 데 사용합니다. 제거와 동시에 Q 값으로 400Hz를 약간 부스트하여 멜로디가 연주되는 주파수 대역을 강조합니다.

02. 오른쪽 Shelf, FREQ : 2788Hz, Q : 42, GAIN : −6.2dB

2500Hz 이상의 고음역대를 약간 줄여줍니다. FM으로 인해 생긴 배음들을 줄여주게 되며 결과적으로 중저주파수 대역의 원래 멜로디 사운드를 도드라지게 합니다.

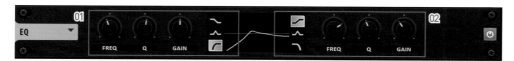

그림 4_167 EQ 설정

■ COMPRESSOR 설정

01. THRESH : −16dB, RATIO : 10 : 1, ATTACK : 0ms, RELEASE : 0.1ms, GAIN : 0dB

어택 타임을 최소화하고 전체 소리를 컴프레서로 강력하게 눌러줍니다.

02. MULTIBAND > H : 133, M : 133, L : 200

멀티밴드를 활성화하여 주파수 영역대마다 컴프레션의 양을 조절합니다. 비교적 L 영역에 컴프레서를 강하게 걸어주어 멜로디 영역대를 저음역대와 함께 부스트시킵니다. 멜로디 영역대를 강조하기 위해 같이 부스트 된 저음역대는 추후 필터 이펙트에서 제거합니다.

그림 4_168 COMPRESSOR 설정

■ REVERB 설정

01. **디폴트** HALL, SIZE : 28, DECAY : 3.6s, MIX : 12

디폴트 설정에서 사이즈와 디케이, 믹스만 조금 설정해 전체 사운드에 약간의 공간감을 부여합니다.

그림 4_169 REVERB 설정

■ FX > FILTER 설정

01. Normal > High 18

저주파수 대역을 제거하기 위해 하이패스 필터를 선택합니다.

02. CUTOFF : 200Hz

200Hz 밑의 저주파수를 제거해주어 소리를 선명하게 합니다.

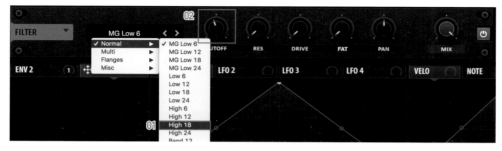

그림 4_170 FX FILTER 설정

■ 사운드 확인하기

원곡 Oliver Heldens – GECKO와 같이 BPM 125의 세럼이 삽입된 미디 트랙을 만들고, 원곡의 느낌을 살린 다음의 악보를 참고하여 미디 노트를 만들어 봅니다. 마지막으로 사운드를 재생해 확인합니다.

악보 4_10 GECKO 스타일

4.11. Deadma5 & Kaskade – I Remember

데드마우스(Deadma5)와 캐스케이드(Kaskade)의 프로그레시브 하우스 곡인 I
Remember에 등장하는 메인 신스입니다. 엔벌로프 디자인과 필터의 모듈레이션에 매크
로를 연결해 톱니파를 사용한 어택감이 있는 플럭 사운드에서 넓게 퍼지는 전형적인 프로
그레시브 하우스 신스 사운드로의 변화를 구현합니다.

 알고 가기

I Remember는 캐나다 출신의 DJ이자 프로듀서인 데드마우스와 미국의 DJ
인 캐스케이드의 노래로 2008년 9월 15일에 발매됐습니다. 출시 후 영국 차트
를 비롯해 각종 유럽 차트에서 1위 또는 상위권 순위에 올랐습니다. 이 곡은 프
로그레시브 하우스 장르의 가장 상징적인 곡으로 유명합니다.

데드마우스와 캐스케이드는 2008년에 Move for Me, I Remember를, 2016
년에는 Beneath With Me를 공동 작업해 발표했으며 영국 출신의 가수 해일
리 기비(Haley Gibby)가 Beneath With Me를 제외한 두 곡의 보컬을 담당했습니다.

■ OSC A 설정

01. **OSC A 전원 ON, 파형 Default**

디폴트 파형인 톱니파를 사용합니다. 플럭에서 리드로 변하는 사운드
는 그 변화가 극적이어야 합니다. 배음이 많은 톱니파를 사용해 그 변
화를 표현하는 것은 Deadma5 & Kaskade – I Remember가 발
표된 시기에 가장 일반적인 사운드 디자인 테크닉입니다.

02. **UNISON : 16, DETUNE : 0.10, BLEND : 67**

보이스를 늘리고 디튠을 설정해 톱니파의 소리를 넓혀줍니다. 블렌드
값은 디튠으로 인해 불분명해질 수 있는 피치를 비교적 선명하게 유지
해줍니다.

그림 4_171 OSC A 설정

03. **LEVEL : 72**

살짝만 내려서 전체 밸런스를 잡아줍니다.

■ FILTER 설정

01. **FILTER 전원 ON, MG Low 12(디폴트), CUTOFF : 65Hz**

디폴트 필터 타입인 MG Low 12를 사용합니다. 추후 플럭 사운드 스타일의 모듈 레이션을 위해 컷오프의 초기값은 65Hz 정도로 낮게 설정합니다.

그림 4_172 FILTER 설정

■ ENV 1 설정

01. **ATTACK : 80ms, DECAY : 1s, SUSTAIN : -∞,**

원곡처럼 큰 공간에서 울려 퍼지며 어택이 약한 사운드를 만들기 위해 어택 타임을 늦춰주고 서스테인을 낮춥니다. 추후 어택 타임 을 변경해 어택이 강한 사운드를 만들 수 있습니다.

그림 4_173 ENV 1 설정

■ ENV 2 설정 및 모듈레이션

01. **DECAY : 425ms, SUSTAIN : 0%**

ENV 2는 컷오프 프리퀀시를 모듈레이션 하여 플럭 소리를 만듭 니다.

02. **ENV 2를 CUTOFF에 할당**

ENV 2의 사 방향 화살표를 FILTER의 CUTOFF로 드래그 앤 드 드롭합니다.

그림 4_174 ENV 2 설정

03. 모듈레이션 어마운트: 36

ENV 2의 ADSR 모양에 따라 컷오프 프리퀀시가 변하여 부드러우면서 전형적인 플럭 소리를 만듭니다.

그림 4_175 ENV 2 모듈레이션 설정

■ ENV 3 설정 및 모듈레이션

01. DECAY: 14ms, SUSTAIN: 0%

어택감을 만드는 짧은 어택과 디케이를 설정해 추후 전체 피치를
모듈레이션 하게 됩니다.

02. SOURCE > Env 3 선택

MATRIX 탭을 클릭하고 소스에서 Env 3를 선택합니다

그림 4_176 ENV 3 설정

03. DESTINATION > Global > Mast.Tun

데스티네이션에서 Mast.Tun을 선택합니다.

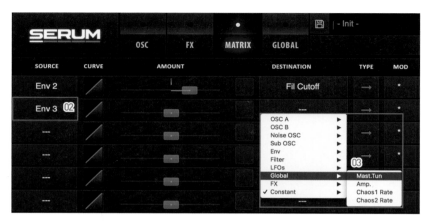

그림 4_177 ENV 3 마스터 튠 모듈레이션 할당

04. AMOUNT : 36st(28)

모듈레이션을 입력할 때 AMOUNT 페이더를 더블클릭해 36st를 입력합니다. 36st는 36개의 세미톤, 3옥타브를 의미하며 입력하면 숫자 28로 변환됩니다. 이는 사운드의 피치를 순간적으로 3옥타브 상승시키고 바로 3옥타브를 하강 시켜 '딱딱' 하는 어택감을 가진 소리를 만들어 냅니다.

전체 사운드의 레벨을 담당하는 앰플리튜드 엔벌로프인 ENV 1의 어택 타임이 80ms이기 때문에 마스터 튜닝을 모듈레이션 해서 만든 어택감은 초기 설정에서 거의 들을 수 없습니다. 추후 매크로 설정을 통해 어택감이 명확하게 들리게 됩니다.

그림 4_178 ENV 3 마스터 튠 모듈레이션 설정

■ FX 순서 설정

01. HYPER/DIMENSION – DISTORTION – DELAY – REVERB – EQ 순서에 따라 이펙트를 적용합니다.

그림 4_179 FX 순서 설정

■ HYPER/DIMENSION 설정

01. HYPER > MIX : 0

하이퍼는 사용하지 않습니다.

02. DIMENSION > SIZE : 84, MIX : 100

원곡은 소리가 넓은 공간에서 은은하게 울려 퍼집니다. 최대한 그 효과를 내기 위하여 디멘션 이펙트로 큰 공간에서 울리는 소리를 만들어줍니다.

그림 4_180 HYPER/DIMENSION 설정

■ DISTORTION 설정

01. Tube(디폴트), DRIVE : 100, MIX : 0

튜브 디스토션을 사용하지만 믹스 값이 0이기에 아무런 영향도 미치지 않습니다. 추후 매크로 설정으로 따뜻한 노이즈 디스토션을 살짝 더해줍니다.

그림 4_181 DISTORTION 설정

■ DELAY 설정

01. FEEDBACK : 53

피드백 값을 충분히 설정해 원곡과 같이 소리의 주기적인 반복이 비교적 긴 시간 동안 울려 퍼지도록 합니다.

02. LEFT : 1/8, RIGHT : 1/8, 1.064

소리는 8분음표 단위로 딜레이되어 반복되며 오른쪽 채널은 8분음표보다 미세하게 더 긴 값을 주어 왼쪽과 오른쪽 채널의 딜레이를 다르게 설정합니다. 소리가 양쪽으로 더 울려 퍼지게 되고 스테레오 이미지는 넓어집니다.

03. MIX : 66

믹스 값이 50 이상일 때는 이펙트 사운드가 그렇지 않은 사운드보다 더 많아지게 됩니다. 원곡은 첫 노트보다 그 노트의 딜레이된 첫 사운드가 다소 볼륨이 크기 때문에 믹스 값을 66 정도로 설정합니다.

그림 4_182 DELAY 설정

■ REVERB 설정

01. 디폴트 HALL, SIZE : 40, DECAY : 6.3s, HIGH CUT : 0, SPIN : 0, SPIN DEPTH : 0, MIX : 42

원곡은 큰 공간감을 가지고 있습니다. 디케이 타임도 늘리고 믹스 값을 42로 설정해 사운드가 충분히 울리게 합니다. 하이컷을 0, 스핀 관련 값들도 0으로 설정해 사운드의 손실 없이 단순하게 울리도록 만듭니다.

그림 4_183 REVERB 설정

■ EQ 설정

01. 왼쪽 로우컷 필터, FREQ : 96Hz, Q : 43

저음역대 부분을 제거해 중저음역대의 소리가 깔끔하게 울려 퍼지도록 설정합니다.

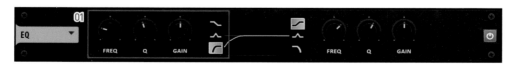

그림 4_184 EQ 설정

이 단계에서 기본 사운드는 완성됩니다. 하지만 원곡을 들어보면 곡이 재생되면서 사운드가 점점 변화하고 발전해 나가는 것을 확인할 수 있습니다. 세럼에서는 매크로를 사용해 원곡과 같은 효과를 만들 수 있습니다. 매크로의 움직임은 각

DAW에서 오토메이션을 적용해야 합니다. 매크로는 하나의 노브(또는 하나의 파라미터)를 다양한 파라미터에 할당해 그 파라미터의 변화를 제어할 수 있습니다.

■ MACRO 활성화 및 네이밍

그림 4_185 매크로 네이밍 설정

01. **노브 바로 아래에 있는 공간을 클릭해 매크로의 'Down-Up'이라고 기입합니다.**

노브 오른쪽의 사 방향 화살표를 드래그하여 다른 파라미터를 모듈레이션 할 수 있습니다.

■ MACRO의 OSC A LEVEL 모듈레이션

01. **OSC A의 LEVEL에 할당**

이름을 정해준 첫 번째 매크로의 사 방향 화살표를 OSC A의 LEVEL로 드래그 앤드 드롭합니다.

02. **모듈레이션 어마운트: −23**

모듈레이션 어마운트를 −23으로 설정하면 매크로 노브가 오른쪽으로 끝까지 돌아갔을 때, OSC A의 레벨(볼륨)이 작아집니다. 추후 매크로는 필터 등 여러 파라미터를 모듈레이션 하는데, 이때 전체 볼륨이 다소 커지기 때문에 그 밸런스를 맞추기 위해서는 OSC A의 레벨을 조정해야 합니다.

그림 4_186 매크로 OSC A 레벨 모듈레이션

■ MACRO의 FILTER CUTOFF 모듈레이션

01. FILTER CUTOFF에 할당

첫 번째 매크로의 사 방향 화살표를 FILTER의 CUTOFF로 드래그 앤드 드롭합니다.

02. 모듈레이션 어마운트: 36

모듈레이션 어마운트를 36으로 설정해 매크로 조정 시 필터가 더 열리게 합니다. 이로 인해 고음역대의 배음들이 증가하여 분위기가 상승하는 듯한 느낌의 사운드가 만들어 집니다.

그림 4_187 매크로 FILTER CUTOFF 모듈레이션

■ MACRO의 ENV 1 ATTACK 모듈레이션

01. ENV 1의 ATTACK에 할당

첫 번째 매크로의 사 방향 화살표를 ENV 1의 ATTACK으로 드래그 앤드 드롭합니다.

02. 모듈레이션 어마운트: −34

모듈레이션 어마운트를 −34로 설정해 매크로 노브를 돌렸을 때 어택 타임이 짧아지게 합니다. 어택 타임이 짧아지면 어택감이 강화되어 변경된 사운드에 더욱 힘을 실어 줍니다.

그림 4_188 매크로 ENV 1 어택 모듈레이션

■ MACRO의 DIMENSION MIX 모듈레이션

01. DIMENSION의 MIX에 할당

첫 번째 매크로의 사 방향 화살표를 DIMENSION의 MIX로 드래그 앤드 드롭합니다.

02. 모듈레이션 어마운트: −100

매크로를 오른쪽으로 돌렸을 때 선명하고 강력한 소리가 만들어집니다. 이때 디멘션 값을 최소로 줄여주는 것은 사운드를 울려 퍼지지 않게 하여 선명함을 유지하기 위함입니다.

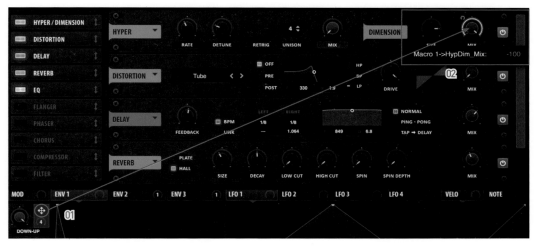

그림 4_189 매크로 DIMENSION MIX 모듈레이션

■ MACRO의 DISTORTION MIX 모듈레이션

01. DISTORTION의 MIX에 할당

첫 번째 매크로의 사 방향 화살표를 DISTORTION의 MIX로 드래그 앤드 드롭합니다.

02. 모듈레이션 어마운트: 15

사운드가 매크로로 인해 선명해질 때 약간의 디스토션을 주어 배음 구조를 복잡하게 하는 동시에 사운드를 거칠게 만듭니다. 소리는 다소 강하게 들립니다.

그림 4_190 매크로 DISTORTION MIX 모듈레이션

■ MACRO의 DELAY MIX 모듈레이션

01. DELAY의 MIX에 할당

첫 번째 매크로의 사 방향 화살표를 DELAY의 MIX로 드래그 앤드 드롭합니다.

02. 모듈레이션 어마운트: −15

원곡에서 사운드가 강하게 변할 때와 부드러울 때, 딜레이 신호의 볼륨 구조가 다릅니다. 매크로 값이 증가 할수록 딜레이 신호의 믹스 값이 점차 작아집니다.

그림 4_191 매크로 DELAY MIX 모듈레이션

■ MACRO의 REVERB MIX 모듈레이션

01. REVERB의 MIX에 할당

첫 번째 매크로의 사 방향 화살표를 REVERB의 MIX로 드래그 앤드 드롭합니다.

02. 모듈레이션 어마운트: −11

매크로가 최대치로 작동할 때 리버브 양이 줄어들어 전체 사운드가 덜 울려 퍼지고 조금 더 선명해 집니다.

그림 4_192 매크로 REVERB MIX 모듈레이션

■ MACRO의 EQ GAIN 모듈레이션

01. EQ의 GAIN에 할당

첫 번째 매크로의 사 방향 화살표를 EQ 이펙트의 가장 오른쪽에 있는 GAIN으로 드래그 앤드 드롭합니다.

그림 4_193 매크로 EQ GAIN 모듈레이션

02. 모듈레이션 방향 설정

모듈레이션은 한 방향이 되어야 합니다. 초기 설정이 양방향이라면 GAIN 노브 위에서 shift + option(원도우는 Alt) + 클릭해 한 방향으로 바꿔줍니다.

그림 4_194 매크로 EQ GAIN 한 방향으로 설정

03. 모듈레이션 어마운트: 11

매크로가 최대치로 작동할 때 선명해지는 사운드에 선명성을 더 추가하기 위해 EQ의 게인을 올려주어 고음대역을 증폭시킵니다.

그림 4_195 매크로 EQ GAIN 어마운트 설정

■ 사운드 확인하기

원곡 **Deadma5 & Kaskade − I Remember**와 같이 BPM 128의 세럼이 삽입된 미디 트랙을 만들고, 원곡의 느낌을 살린 다음의 악보를 참고하여 미디 노트를 만들어 봅니다. 마지막으로 사운드를 재생해 확인합니다.

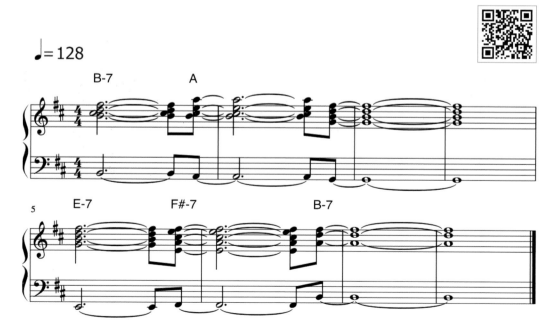

악보 4_11 I Remember 스타일

4.12. Mura Masa — Miss You

무라 마사(Mura Masa)의 일렉트로닉 곡 **Miss You**에 등장하는 플럭 소리입니다. 카림바(Kalimba)와 같은 퍼커션 스타일의 플럭을 만들기 위해서 변형된 사인파와 어택을 도와주는 노이즈 파형, 엔벨로프를 이용합니다. 또한 콤필터(Comb)를 이용해 공명을 더해줍니다.

 알고 가기

Miss You는 영국령 건지 섬 출신의 DJ 및 프로듀서 무라 마사의 곡으로 2014년 발매한 앨범 Soundtrack To A Death에 수록된 곡입니다. 무라 마사는 일본 검에서 따온 이름입니다. 15세 어린 나이에 기타, 베이스, 드럼 등을 연주하면서 여러 장르의 음악을 경험했고 16세부터 DAW 에이블턴 라이브를 접하고 일렉트로닉 음악을 시작했습니다. 17세에는 자신의 곡을 사운드 클라우드(SoundCloud)에 올렸으며 2015년에 EP 앨범 Someday Somewhere로 데뷔했습니다. 그의 이름을 가장 많이 알린 곡은 영국과 미국의 스포티파이(Spotify) 바이럴 차트에서 1위를 한 Love$ick(2017년 발표)입니다. 그는 힙합, R&B, 소울을 기반으로 하는 일렉트로닉 음악을 하며 카림바, 스틸드럼, 마림바 등의 악기 사운드를 자주 사용합니다.

■ OSC A 설정

01. OSC A 전원 ON, Analog > Analog_BD_Sin

자연스러운 킥 드럼 사운드를 만드는 데 많이 사용되는 Analog_BD_Sin 파형을 선택합니다. 사인파를 기반으로 한 이 파형은 원곡처럼 배음이 거의 없는 사운드를 만드는 데 유용합니다.

그림 4_196 OSC A

02. WT POS : 256

웨이브테이블 포지션을 최대치로 설정해 사인파의 전자적인 느낌을 약간 어쿠스틱한 느낌으로 바꿔줍니다.

그림 4_197 OSC A 설정

■ NOISE 설정

01. NOISE 전원 ON, Attacks_Misc > GlassLid 5

카림바를 연주할 때 나는 '딱딱'하는 소리를 재현하기 위해 GlassLid 5를 선택합니다.

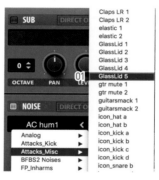

그림 4_198 NOISE 샘플 설정

02. 피치 트래킹 활성화, PITCH : 7st

노트 변화에 따라 사운드가 변할 수 있게 피치 트래킹을 활성화합니다. 피치는 7 세미톤(완전 5도) 위로 설정해 OSC A가 내는 음의 윗부분을 꾸며줍니다. 이것은 일반적으로 어쿠스틱 악기들이 기음 위로 1옥타브의 배음, 1옥타브 + 완전 5도의 배음을 갖기 때문입니다.

03. LEVEL : 56

OSC A의 소리를 꾸며주는 역할에 맞게 적당한 레벨을 설정해 줍니다.

그림 4_199 NOISE 설정

■ FILTER 설정

01. FILTER 전원 ON, Misc > Combs

콤필터는 설정에 따라 소리를 공명시킬때 많이 사용합니다. 원곡에 등장하는 카림바의 공명 소리를 만들기 위해 콤필터가 필요합니다.

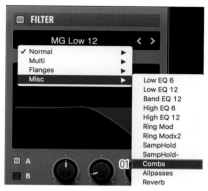

그림 4_200 FILTER 타입 설정

02. A, N 활성화

A, N을 클릭해 필터가 OSC A와 노이즈에 영향을 미치게 설정합니다.

03. CUTOFF : 67Hz, RES : 13, DRIVE : 26

컷오프를 낮게 설정해 소리의 중음역대와 고음역대에서 콤필터링이 적절하게 적용될 수 있게 합니다. 레저넌스는 약간만 올려주고 드라이브 값을 설정해서 보다 많은 신호가 필터로 들어와 콤필터에 적용되게 합니다. 이는 결과적으로 전체 소리에 어쿠스틱함을 더해줍니다.

그림 4_201 FILTER 설정

■ ENV 1 설정

01. DECAY : 385ms, SUSTAIN : −25.6dB, RELEASE : 457ms

카림바는 서스테인이 없고 디케이가 확실히 들리는 플럭형 악기입니다. 이에 따라 ADSR을 만듭니다.

그림 4_202 ENV 1 설정

▪ ENV 3 설정

01. DECAY : 0.8ms, SUSTAIN : 0%

ENV 3는 어택감을 생성하는 모듈레이션 소스로 사용되므로 그
에 맞는 ADSR을 설정합니다.

그림 4_203 ENV 3 설정

▪ ENV 3 모듈레이션 설정

01. SOURCE > Env 3

MATRIX 탭에서 소스로 Env 3를 선택합니다.

그림 4_204 ENV 3 모듈레이션 설정

02. DESTINATION > Global > Mast.Tun

데스티네이션에는 Mast.Tun을 선택해 엔벌로프가 전체 음을 모듈레이션 할
수 있도록 설정합니다.

03. AMOUNT : 53

모듈레이션 어마운트가 많아질수록 어택감이 더 강해집니다. 적절한 어마운트
를 설정합니다.

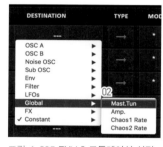

그림 4_205 ENV 3 모듈레이션 설정

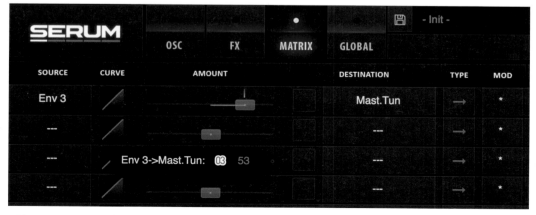

그림 4_206 ENV 3 모듈레이션 설정

ENV 3의 모듈레이션은 짧은 시간에 전체 사운드의 피치가 올라가고 다시 짧은 시간에 피치가 원래 자리로 떨어지면서 어택감을 생성합니다. 노이즈 오실레이터와 함께 카림바의 '딱딱'하는 사운드를 만듭니다.

■ FX 순서 설정

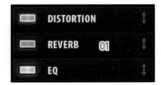

01. DISTORTION – REVERB – EQ 순서에 따라 이펙트를 적용합니다.

■ DISTORTION 설정

그림 4_207 FX 순서 설정

01. DRIVE : 50, MIX : 66

아주 약간의 튜브 디스토션을 더하는 설정입니다. 사운드의 어택 부분에 약하게 디스토션을 걸어 어택감을 자연스럽게 강조합니다.

그림 4_208 DISTORTION 설정

■ REVERB 설정

01. 디폴트 HALL, SIZE : 29, DELAY : 7.3s, LOW CUT : 57, HIGH CUT : 44, SPIN : 0, SPIN DEPTH : 0, MIX : 30

원곡과 같은 공간감을 부여하는 동시에 소리가 선명하게 울려 퍼질 수 있게 로우컷과 하이컷을 적절하게 사용합니다. 소리가 좌우로 울려 퍼지는 것은 불필요하므로 SPIN과 관련된 값은 최소화합니다.

그림 4_209 REVERB 설정

■ EQ 설정

01. 왼쪽 로우컷 필터, FREQ : 100Hz, Q : 40

불필요한 저주파수 영역을 제거합니다.

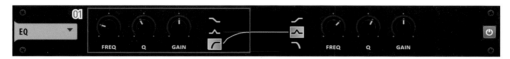

그림 4_210 EQ 설정

■ 사운드 확인하기

원곡 **Mura Masa − Miss You**와 같이 BPM 88의 세럼이 삽입된 미디 트랙을 만들고, 원곡의 느낌을 살린 다음의 악보를 참고해 미디 노트를 만들어 봅니다. 마지막으로 사운드를 재생해 확인합니다.

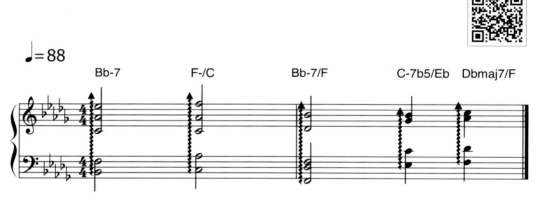

악보 4_12 Miss You 스타일

4.13. DVBBS & VINAI – Raveology

일렉트로 하우스(Electro House) **DVBBS & VINAI – Raveology**에 등장하는 리드 소리입니다. 톱니파를 워프 모드와 모듈레이션으로 거칠게 한 후 LFO를 활용한 사이드체인 효과를 더해 역동적인 사운드를 만듭니다.

알고 가기

이 책에서도 다룬 **TSUNAMI** 곡을 만든 캐나다 출신의 DJ 듀오인 DVBBS와 이탈리아 출신의 DJ 듀오인 VINAI가 함께 만들어낸 일렉트로 하우스 장르의 곡인 **DVBBS & VINAI – Raveology**는 네덜란드 일렉트로닉 레이블인 스피닝 레코드(Spinnin' Records)에서 2014년에 발매했으며 멜버른 바운스(Melbourne Bounce) 장르와 더불어 한국에서 클럽 EDM으로 가장 많이 등장하는 스타일을 가진 곡입니다. 실제로 VINAI는 일렉트로 하우스와 멜버른 바운스 풍의 음악을 주로 하는 DJ입니다. 참고로 멜버른 하우스 **TJR & VINAI – Bounce Generation**을 들어보길 바랍니다.

■ OSC A 설정

01. OSC A 전원 ON, Basic Shapes, WT POS : 2

원곡 리드 사운드를 들어보면 톱니파를 기반으로 하고 있습니다.

02. LEVEL : 50

추후 설정될 모듈레이션을 위한 기본값입니다.

그림 4_211 OSC A 설정

03. **Warp > Bend +/- 선택**

파형에 변화를 주어 직접적으로 배
음 구조에 불규칙한 변화를 일으킵
니다. 이로 인해 거친 소리를 만들
수 있습니다. 노브를 왼쪽으로 돌리
면 Bend +가 되며 오른쪽으로 돌
리면 Bend -가 됩니다. 노브가 가
운데 있을 때는 영향을 미치지 않습
니다.

그림 4_212 OSC A 워프

■ FILTER 설정

01. **FILTER 전원 ON, MG Low 12, CUTOFF : 22050Hz, RES : 0**

디폴트 필터를 사용하고 컷오프를 최고치로 올려 초고음역대의 배음들을 제거해줍니
다. 컷오프 프리퀀시는 22050Hz이지만 대체적으로 15~16kHz부터 날카로운 소리들
을 제거합니다.

그림 4_213 FILTER 설정

■ ENV 2 설정

01. **ATTACK : 15ms, SUSTAIN : 88.52%, 나머지는 디폴트**

사운드의 어택 부분을 거칠게 만들기 위해서 약간의 어택감이 있는
ADSR을 만듭니다.

그림 4_214 ENV 2 설정

■ ENV 2 모듈레이션 설정

01. ENV 2를 BEND +/−에 할당

ENV 2의 사 방향 화살표를 OSC A의 BEND +/−로 드래그 앤드 드롭합니다.

02. 모듈레이션 어마운트: 100

ENV 2의 ADSR 모양에 따라 BEND +/− 워프 값이 BEND −로 바뀌면서 기존의 톱니파보다 약간 더 어택감 있는 사운드를 만듭니다.

그림 4_215 ENV 2 모듈레이션 설정

■ LFO 1 설정

01. 시작점으로부터 3/4 지점 정도를 더블클릭해 새로운 포인트를 만듭니다. 만들어진 포인트를 오른쪽 윗부분 끝으로 드래그해 LFO 그래프의 오른쪽 부분을 직각으로 만듭니다.

02. 오른쪽에서 두 번째 포인트를 살짝 아래쪽으로 내리고, 위쪽의 세 번째 점을 오른쪽으로 조금 이동해 그림과 같은 모양을 완성합니다.

그림 4_216 LFO 1 설정

■ LFO 1 모듈레이션 설정

01. LFO 1을 OSC A의 LEVEL에 할당

LFO 1의 사 방향 화살표를 OSC A의 LEVEL로 드래그 앤드 드롭합니다.

02. 모듈레이션 어마운트: 14

LFO 1 모드가 OFF일때 사이드체인 효과는 OSC 1의 레벨을 업비트에서 상승시킵니다. TRIG로 설정하면 노트가 연주될 때마다

그림 4_217 LFO 1 모듈레이션 설정

사이드체인 효과가 일어나지만, OFF로 설정하면 단지 곡의 템포에 맞게 LFO가 작동합니다. 이때 RATE를 1/4로 설정하면 곡의 다운비트에 사이드체인 효과를 만들 수 있고, 이는 킥 드럼이 연주되는 타이밍이기 때문에 킥이 등장할 때마다 신스의 볼륨이 줄어들게 됩니다.

■ **LFO 2 모듈레이션 설정**

01. LFO 2를 FIN에 할당

LFO 2의 사 방향 화살표를 OSC
A의 FIN으로 드래그 앤드 드롭합
니다. LFO 2의 디폴트 설정을 그대
로 사용합니다.

02. 모듈레이션 어마운트: 39

OSC A의 피치가 미세하게 변하며
원곡처럼 소리가 밀려 나오는 듯한
느낌을 줍니다.

그림 4_218 LFO 2 모듈레이션 설정

■ **FX 순서 설정**

01. DISTORTION – FLANGER – COMPRESSOR – REVERB – EQ

위 순서대로 이펙트를 설정합니다.

그림 4_219 FX 순서 설정

■ **DISTORTION 설정**

01. Tube(디폴트), PRE 활성화, F: 1366, Q: 0.2, HP: 81, DRIVE: 100, MIX: 78

디스토션 타입은 디폴트 설정인 Tube를 사용하고, PRE를 선택해 디스토션 이펙트로 들어오는 신호를 걸러주고 그 후
에 디스토션을 입혀 배음 구조를 왜곡함과 동시에 소리를 거칠게 만듭니다. 필터는 하이패스에 가깝게 선택하고 중고음
역대의 배음들만 왜곡시키도록 설정합니다.

그림 4_220 DISTORTION 설정

■ FLANGER 설정

01. RATE: 0.14, FEED: 0

위 수치는 일반적인 플랜저 효과를 만드는 설정은 아닙니다. 플랜저의 특성을 사용해 톱니파 기반인 배음 구조를 약간 변화 시켜 조금 더 긁어주는 듯한 소리를 만듭니다.

그림 4_221 FLANGER 설정

■ COMPRESSOR 설정

01. THRESH: −21.6dB, RATIO: 6:1, ATTACK: 0ms, RELEASE: 0.1ms, GAIN: 16.5dB

짧은 어택과 릴리즈로 강력하게 압축하고 게인으로 볼륨을 올립니다.

02. MULTIBAND 활성화 > H: 111, M: 122, L: 58

불필요한 저음의 컴프레싱 비율은 낮춰주고 상대적으로 미드와 하이를 보다 강하게 컴프레싱하여 그 음역대의 사운드를 키워줍니다.

그림 4_222 COMPRESSOR 설정

■ REVERB 설정

01. PLATE 활성화, SIZE: 30, PRE DELAY: 4ms, HIGH CUT: 58, DAMP: 0, WIDTH: 100, MIX: 0

다른 리버브보다 사운드를 약간 더 밝게 만드는 플레이트 리버브를 사용합니다. 하지만 동시에 고음역대가 너무 밝아지는 것을 막기 위해 하이컷을 사용합니다. 댐프 값을 최소화하면 잔향이 살아나서 더욱 퍼져나가는 듯한 느낌을 줍니다. MIX는 추후 모듈레이션 됩니다.

그림 4_223 REVERB 설정

■ EQ 설정

01. 왼쪽 로우컷 필터, FREQ : 345Hz, Q : 42

불필요한 저주파수 영역을 제거합니다.

02. 오른쪽 GAIN : 2.9dB

디폴트 설정을 바탕으로 게인을 올려주어 고음역대를 더욱 강조해 강력한 소리를 만듭니다. 게인 값은 추후 모듈레이션

됩니다.

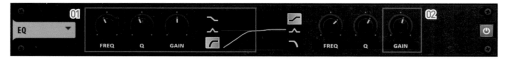

그림 4_224 EQ 설정

■ LFO 1의 REVERB 모듈레이션 설정

01. LFO 1을 REVERB의 MIX에 할당

LFO 1의 사 방향 화살표를 REVERB의 MIX로 드
래그 앤드 드롭합니다.

02. 모듈레이션 어마운트 : 60

사이드체인 효과를 리버브 믹스에 적용해 원곡에
서처럼 업비트에 리드 사운드의 잔향이 퍼지게 합
니다.

그림 4_225 LFO 1의 리버브 모듈레이션 설정

ENV 2의 EQ 모듈레이션 설정

01. ENV 2를 EQ의 GAIN에 할당

ENV 2의 사 방향 화살표를 EQ 오른쪽에 있는 GAIN으로 드래그 앤드 드롭합니다.

02. 모듈레이션 어마운트: 6

ENV 2는 OSC A의 파형을 변화시키고 동시에 이큐의 오른쪽 Shelf 게인 값을 올려 고주파수 대역을 더욱 강조합니다.

그림 4_226 ENV 2의 EQ 모듈레이션 설정

VOICING 설정

그림 4_227 VOICING 설정

01. MONO, LEGATO 활성화

모노와 레가토 설정으로 리드 악기의 멜로디 라인이 단선율을 유지하며 연주됩니다.

02. ALWAYS 활성화, PORTA: 48ms

포르타멘토를 적용해 원곡에서처럼 음이 변하면서 이어지는 듯한 효과를 줍니다.

MASTER 설정

01. MASTER: 56

클리핑이 생기지 않도록 마스터 레벨을 조절합니다.

그림 4_228 MASTER 설정

■ 사운드 확인하기

원곡 **DVBBS & VINAI − Raveology**와 같이 BPM 128의 세럼이 삽입된 미디 트랙을 만들고, 원곡의 느낌을 살린 다음의 악보를 참고하여 미디 노트를 만들어 봅니다. 마지막으로 사운드를 재생해 확인합니다.

악보 4_13 Raveology 스타일

4.14. W&W – Caribbean Rave

W&W의 빅룸 하우스 곡인 **Caribbean Rave**에 등장하는 스틸 드럼류의 리드 사운드입
니다. 디폴트 파형에서 약간 변형된 웨이브테이블을 사용해 아날로그적인 사운드를 만
듭니다. 그리고 각 오실레이터에 AM(Amplitude Modulation), PWM(Pulse Width
Modulation)을 사용해 스틸 드럼만의 독특한 배음 구조를 더합니다. 마지막으로 노이즈
오실레이터의 샘플을 사용해 타악기의 어택감을 만들어 줍니다.

 알고 가기

W&W(Willem van Hanegem, Wardt van der Harst)는 네덜란드 출신의 DJ 이
자 프로듀서 듀오로 2007년경 결성하여 트랜스 음악을 위주로 활동했고, 2012
년에는 Mainstage Music이라는 레이블을 설립했습니다. 하우스 장르의 열풍으
로 2013년부터는 빅룸, 일렉트로 하우스 음악 위주의 곡들을 발표합니다. 2016
년 하드웰(Hardwell), 랩 보컬 릴 존(Lil Jon)과 공동 작업한 Live The Night를 발
표하고 체인 스모커(The Chainsmokers)의 Don't Let Me Down을 리믹스했습
니다. 2017년 NWYR라는 이름으로 데뷔했으며 트랜스와 하우스 장르를 오가며 활발히 활동하고 있습니
다. 2018년 새로운 곡 Rave Culture를 발표했으며 메인스테이지 뮤직에서 레이브 컬쳐(Rave Culture)로 레
이블명을 변경합니다. 신곡, 공동 작업, 리믹스 등의 활발한 활동을 하며 최근에는 방탄소년단이 보컬로 참여
한 Steve Aoki의 Waste It On Me를 리믹스했습니다. **Caribbean Rave**는 2016년에 발표한 빅룸 하우스풍
의 곡입니다.

■ OSC A 설정

01. OSC A 전원 ON, Analog > Basic Mg

스틸(Steal) 드럼의 어쿠스틱한 느낌을 주기 위해 아날로그 모그
계열의 디폴트 파형을 선택합니다.

그림 4_229 OSC A 설정

02. OCT : +1, UNISON : 2, DETUNE : 0.09, BLEND : 75

기음 바로 위의 배음 구조를 아날로그 느낌으로 만들기 위해 한 옥타
브를 올리고 유니즌과 디튠, 블렌드를 사용해서 피치를 살짝 흔들어
줍니다.

03. PHASE : 0, RAND : 0

재생될 때마다 항상 같은 소리가 나도록 페이즈와 랜덤 값을 0으로 설
정합니다.

그림 4_230 OSC A 설정

04. WT POS : 131

삼각파와 사각파가 불규칙하게 섞여 있는 듯하면서도 초고역대에 너
무 많은 배음을 갖지 않은 독특한 배음 구조의 파형을 만들기 위해 웨
이브테이블 포지션을 조정합니다.

그림 4_231 OSC A WT POS 설정

■ OSC B 설정

01. OSC B 전원 ON, Analog > Analog_BD_Sin

OSC A와 마찬가지로 아날로그 느낌을 주는 사인파 웨이브테이
블을 선택합니다.

그림 4_232 OSC B 설정

02. Warp > PWM 선택

OSC B는 OSC A가 워프를 통해 모듈레이션을 할 때 사운드가 아닌 OSC B 파형의 모양으로 영향을 줍니다.

그림 4_233 OSC B 설정

03. Warp：48

워프 모드의 값을 48로 설정합니다.

그림 4_234 OSC B 설정

04. OCT：+1, UNISON：4, DETUNE：0.03, BLEND：100

위와 같은 설정으로 OSC B가 OSC A를 다양하게 모듈레이션 하게 됩니다.

05. PHASE：214, RAND：0

앞서 설정한 '02. Warp > PWM'에 페이즈 값이 더해져 파형의 시작점을 평평하게 만듭니다.

06. WT POS：236

웨이브테이블 포지션을 조정해 아날로그 느낌의 약간 왜곡된 사인파를 만듭니다.

07. LEVEL：0

OSC A를 모듈레이션하는 역할이기에 레벨은 0으로 설정합니다.

그림 4_235 OSC B 설정

▪ SUB 설정

01. SUB 전원 ON, 파형 Default

서브 오실레이터의 전원을 켜고 디폴트 파형인 사인파를 선택합니다.

02. LEVEL : 0

추후 모듈레이션 됩니다.

그림 4_236 SUB 설정

▪ NOISE 설정

01. NOISE 전원 ON, Attacks_Misc > kick trans 1

킥 드럼 트래지언트 샘플을 선택해 스틸 드럼 사운드에 어택감을 더합니다.

그림 4_237 NOISE 설정

02. 원샷 모드 활성화

원샷 모드를 활성화해 '딱'하는 소리의 샘플이 연주되게 합니다.

03. PITCH : 83, LEVEL : 87

피치를 높여 기존의 킥 어택 노이즈의 사운드를 좀 더 고음으로 만들고 레벨은 다른 오실레이터와 균형을 맞춰 설정합니다.

그림 4_238 NOISE 설정

▪ FILTER 설정

01. FILTER 전원 ON, Normal > Low 18

기울기가 어느 정도 있는 일반적인 로우 패스 필터를 선택하고 추후 컷오프 주파수를 모듈레이션하여 어택감을 더욱 향상시킵니다.

그림 4_239 FILTER 설정

02. A, B, Filter KeyTrack 활성화

필터를 오실레이터 A, B에 적용하고, 연주되는 피치에 따라 필터가 풀릴 수 있도록 키트랙도 활성화합니다.

참고로 서브 오실레이터는 배음이 없는 사인파이기에 필터를 적용할 필요가 없으며 '딱' 하는 타악기의 어택감을 만드는 노이즈 오실레에터에도 적용할 필요가 없습니다.

03. CUTOFF : 143Hz

추후 모듈레이션 되는 컷오프 프리퀀시의 시작점을 설정합니다.

그림 4_240 FILTER 설정

■ ENV 1 설정

01. DECAY : 199ms, SUSTAIN : −75.6dB, RELEASE : 577ms

타악기와 같은 ADSR을 만드는 데 스틸 드럼의 특유의 피치를 담고 있는 울림을 유지하기 위해 릴리즈 타임을 길게 설정합니다.

그림 4_241 ENV 1 설정

■ ENV 2 설정

01. ATTACK : 212ms, DECAY : 234ms, SUSTAIN : 0%, RELEASE : 2.66s

엔벌로프 2번은 모듈레이션을 위한 설정입니다. 느린 어택 타임과 긴 릴리즈 타임은 필터와 오실레이터의 사운드를 변형시켜 스틸 드럼 사운드를 만들 수 있습니다.

02. 첫 번째 투명 포인트 끌어올리기

투명 포인트를 위쪽으로 드래그해 어택 라인을 곡선으로 만들어 더 극적인 효과를 만들어냅니다.

그림 4_242 ENV 2 설정

▪ ENV 2 모듈레이션 설정

01. AM (from B) 선택

앰플리튜드 모듈레이션을 적용하고 그 소스를 OSC B로 설정하기 위한 워프 모드입니다. 이 설정은 독특한 배음 구조를 만듭니다.

그림 4_243 ENV 2 워프 설정

02. ENV 2를 AM (from B)에 할당

ENV 2의 사 방향 화살표를 OSC A의 AM (FROM B)로 드래그 앤 드 드롭합니다.

03. 모듈레이션 어마운트: 40

ENV 2의 ADSR에 따라 앰플리튜드 모듈레이션 양이 변화하여 스틸 드럼 사운드에 어울리는 사운드를 생성합니다.

04. ENV 2를 CUTOFF에 할당

ENV 2의 사 방향 화살표를 FILTER의 CUTOFF로 드래그 앤 드 롭합니다.

그림 4_244 ENV 2 워프 모듈레이션 설정

05. 모듈레이션 어마운트: 39

플럭이나 그 외 타악기처럼 어택에 배음을 집중시킵니다.

그림 4_245 ENV 2 필터 모듈레이션 설정

■ ENV 3 설정 및 모듈레이션

01. ATTACK: 128ms, DECAY: 1.51s, SUSTAIN: 0%, RELEASE: 2.98s

사운드의 어택에 더 많은 모듈레이션이 일어날 수 있도록 ADSR 을 설정합니다.

그림 4_246 ENV 3 설정 설정

02. ENV 3을 AM (from B)에 할당

ENV 3의 사 방향 화살표를 OSC A의 AM (FROM B)로 드래 그 앤드 드롭합니다.

03. 모듈레이션 어마운트: 34

OSC A의 AM 모듈레이션 값을 어택에 추가해서 스틸 드럼 특유의 사운드를 만듭니다.

그림 4_247 ENV 3 모듈레이션 설정

▪ LFO 1 설정

01. ENV 모드 활성화

엔벌로프 모드를 활성화하면 LFO는 노트가
재생될 때 한 번만 작동합니다.

02. LFO 시작점을 최대로 설정

가운데 점을 끌어 맨 왼쪽 위로 옮겨 시작점
을 최대치로 설정합니다.

03. 디케이 곡선 만들기

첫 번째 투명점을 아래로 끌어 LFO의 선을
엔벌로프 디케이와 같은 완만한 기울기의 선 모양이 되게 합니다.

그림 4_248 LFO 1 설정

▪ LFO 1 모듈레이션 설정

01. LFO 1을 SUB 오실레이터 LEVEL에 할당

LFO 1의 사 방향 화살표를 SUB의 LEVEL로 드래그 앤 드롭합니다.

02. 모듈레이션 어마운트: 32

LFO에 따라 서브 오실레이터의 레벨이 커지며, 사운드의 어택에 사인파의 레벨이 추가돼 기음의 피치를 보다 명확하게
합니다.

그림 4_249 LFO 1 SUB 모듈레이션 설정

■ FX 순서 설정

01. DISTORTION – DELAY – EQ – COMPRESSOR – FILTER – REVERB

위의 순서에 따라 이펙트들을 적용합니다.

그림 4_250 FX 순서 설정

■ DISTORTION 설정

01. DRIVE : 90, MIX : 10

원곡처럼 스틸 드럼에 아주 약간의 노이즈를 더합니다.

그림 4_251 DISTORTION 설정

■ DELAY 설정

01. FEEDBAK : 20, LEFT/RIGHT : 1/4, MIX : 13

원곡처럼 어택의 '딱'하는 사운드가 딜레이되어 반복되며 전체 사운드에 어택감을 높여주는 듯한 느낌을 줍니다. 적은 믹스 값은 추후 모듈레이션되어 노트 연주에 따라 커집니다.

그림 4_252 DELAY 설정

■ EQ 설정 및 LFO 1 모듈
   레이션

01. **오른쪽 설정 > FREQ: 1372Hz,**
    GAIN: −1.5dB

    모듈레이션의 적용 범위를 주파수로
    설정하여 고주파수 대역에만 모듈레
    이션이 적용될 수 있게 합니다.

02. **LFO 1의 사 방향 화살표를 FX >**
    EQ의 오른쪽 GAIN으로 드래그
    앤드 드롭합니다.

    그림 4_253 EQ 모듈레이션 설정

03. **모듈레이션 어마운트: 15**

    LFO 1에 따라 고주파수 대역이 약간 증폭되며 결과적으로 어택이 강해집니다.

■ COMPRESSOR 설정

01. **THRESH: −32.2dB, RATIO: 8:1, ATTACK: 0ms, RELEASE: 0.1ms, GAIN: 22.4dB**

    어택 타임과 릴리즈 타임을 가장 짧게 설정하고, 강력하게 압축한 다음 게인으로 압축된 소리를 끌어올려 강한 사운드를
    만듭니다.

그림 4_254 COMPRESSOR 설정

■ FX > FILTER 설정

01. **Normal > High 24**

    필터는 로우를 제거할 수 있는 하이패스 필터를 설정합니다.

02. CUTOFF: 105Hz

저주파수 대역을 제거해 사운드를 선명하게 합니다.

그림 4_255 FX FILTER 설정

■ REVERB 설정

01. PLATE 활성화, SIZE: 42, PRE DELAY: 0ms, LOW CUT: 10, HIGH CUT: 69

선명한 느낌의 플레이트 리버브를 사용하며 로우컷으로 저주파수가 울려 퍼지는 것을 방지합니다. 하이컷 설정은 고주파
수 대역이 보다 부드럽게 울려 퍼지게 합니다.

02. DAMP: 0, WIDTH: 100, MIX: 19

댐프는 최저로 설정하며 너비(WIDTH) 값을 100으로 해 잔향이 스테레오감을 가지고 번져나가게 만듭니다. 믹스는 비
교적 작게 설정하고 추후 모듈레이션 합니다.

그림 4_256 REVERB 설정

■ LFO 3 설정

01. ENV 모드 활성화

LFO 1처럼 엔벌로프 모드로 설정해 노트가 재생될
때 한 번만 작동하게 합니다.

02. TRIP 활성화

LFO의 레이트를 삼현음(TRIP)으로 설정할 수 있습
니다.

그림 4_257 LFO 3 설정

03. **LFO 마지막을 최대로 설정**

사이드체인 효과를 만들기 위해 가운데 점을 끌어 가장 오른쪽 위로 이동시킵니다.

04. **디케이 곡선 만들기**

첫 번째 투명점을 아래로 끌어 LFO의 선이 완만하게 시작해서 가파르게 진행하는 기울기를 만듭니다. 사이드체인 효과를 만들 때 유용한 곡선 모양입니다.

■ LFO 3의 DELAY 모듈레이션 설정

01. **LFO 3를 DELAY의 MIX에 할당**

LFO 3의 사 방향 화살표를 FX > DELAY의 MIX로 드래그 앤드 드롭합니다.

02. **모듈레이션 어마운트: 35**

LFO의 모양에 따라 딜레이의 믹스 레벨이 올라갑니다. LFO의 레이트에 따라 노트의 연주가 끝날 때쯤 LFO의 페이즈는 상승 곡선을 지나가며 딜레이 양을 증가시킵니다. 다시 말해서 노트가 연주될 때는 딜레이의 양이 적어 원래 사운드를 방해하지 않고, 노트의 연주가 끝날 때

그림 4_258 LFO 3의 DELAY 모듈레이션 설정

는 딜레이 양이 많아져 공간감을 더욱 크게 만듭니다. 대표적인 EDM 프로듀싱의 테크닉입니다.

■ LFO 3의 REVERB 모듈레이션 설정

01. **LFO 3의 사 방향 화살표를 FX > REVERB의 MIX로 드래그 앤드 드롭합니다.**

02. **모듈레이션 어마운트: 32**

딜레이와 마찬가지로 노트의 연주가 끝날 때쯤 LFO의 모양에 따라 리버브의 믹스 값이 올라가 큰 공간감을 만듭니다.

그림 4_259 LFO 3의 REVERB 모듈레이션 설정

■ MASTER 설정

01. MASTER : 57

클리핑이 생기지 않게 마스터 레벨을 살짝 내려줍니다.

그림 4_260 MASTER 설정

■ 사운드 확인하기

원곡 **W&W – Caribbean Rave**와 같이 BPM 128의 세럼이 삽입된 미디 트랙을 만들고, 원곡의 느낌을 살린 다음의 악보를 참고하여 미디 노트를 만들어 봅니다. 사운드를 재생해 확인합니다.

악보 4_14 Caribbean Rave 스타일

4.15. Madonna — Bitch I'm Madonna

일렉트로닉 팝 장르의 곡인 마돈나(Madonna)의 **Bitch I'm Madonna**에 등장하는 리드 소리입니다. 톱니파의 중저음역대 배음에 노이즈와 필터, FX 효과를 더해 거칠고 긁는 듯 한 소리를 만든 다음 LFO의 사이드체인 모듈레이션을 이용해 공간감의 변화를 더해 줍 니다.

 알고 가기

Bitch I'm Madonna는 2015년 발표한 마돈나의 13번째 스튜디오 앨범에 수록 된 곡으로 니키 미나즈가 랩으로, 디플러(Diplo)가 작곡과 프로듀서(마돈나와 공동 제작자)로 참여했습니다. 이 곡은 3년 만에 빌보드 핫 100에 진입한 첫 번째 마돈 나의 노래이며 빌보드 'Hot Dance Club Songs'에서 1위를 차지했습니다. 이 곡 의 뮤직비디오에는 니키 미나즈, 디플로, 마일리 사이러스(Miley Cyrus), 비욘세 (Beyoncé), 카니예 웨스트(Kanye West), 케이티 패리(Katy Perry) 등 많은 스타 들이 등장해 그녀의 영향력을 보여줍니다.

■ OSC A 설정

그림 4_261 OSC A 설정

01. **OSC A 전원 ON, 파형 Default, OCT: −3**

원곡의 긁는 듯한 리드 악기 소리는 톱니파의 배음 구조를 사용해 재현 할 수 있습니다. 톱니파가 설정된 오실레이터의 옥타브를 낮게 하면 초 저음역대의 배음 구조가 긁는 듯한 소리를 드러냅니다. 추후 저음역대 는 제거하고 필요한 배음들만 남겨 보다 효과적으로 긁는듯한 소리를 만들 수 있습니다.

02. **PHASE: 0, RAND: 0**

연주될 때마다 항상 같은 소리를 내도록 페이즈와 랜덤은 최소화합 니다.

■ OSC B 설정

01. **OSC B 전원 ON, 파형 Default, OCT : −2**

OCT −2 설정은 OSC A와 마찬가지로 톱니파의 배음을 주로 사용
할 수 있게 하며 동시에 오실레이터 A보다 한 옥타브 위의 음을 연주
하게 하여 멜로디가 보다 선명하게 들리도록 합니다.

02. **PHASE : 0, RAND : 0, LEVEL : 33**

페이즈와 랜덤 값은 0으로 하여 항상 같은 사운드를 재생하게 합니다.
레벨은 OSC A를 받쳐주는 정도로 설정합니다.

그림 4_262 OSC B 설정

■ NOISE 설정

01. **NOISE 전원 ON, AC hum1(디폴트)**

톱니파에 아주 약간의 노이즈를 더해 전체 사운드를 거칠게 합니다.

나머지는 디폴트입니다.

그림 4_263 NOISE 설정

■ FILTER 설정

01. **FILTER 전원 ON, MG Low 12, A, B, N 활성화**

디폴트 타입의 로우패스 필터를 사용하고 오실레이터 A와 B, 노이즈에 영향을 미
치도록 설정합니다.

02. **CUTOFF : 926Hz, RES : 30**

컷오프 설정은 원곡의 리드 사운드처럼 고음역대를 완만하게 제거하고 레저넌스
값은 멜로디 라인의 주요 음역대를 강조합니다.

그림 4_264 FILTER 설정

■ ENV 1 설정

01. ATTACK : 35ms

원곡과 같이 약간 느린 어택 타임을 설정합니다.
느려진 어택 타임에 추후 포르타멘토를 추가하면
원곡의 사운드와 더욱 비슷해집니다.

그림 4_265 ENV 1 설정

■ FX 순서 설정

01. HYPER/DIMENSION – DISTORTION – COMPRESSOR – FILTER – EQ

위 순서에 따라 이펙트의 순서를 설정합니다.

그림 4_266 FX 순서 설정

■ HYPER/DIMENSION 설정

01. RATE : 33, DETUNE : 19

원곡의 리드 사운드는 대부분 모노같이 가운데에서 들리지만 때때로, 또는 사운드가 릴리즈될 때 스테레오 이미지를 약간 넓게 들려줍니다. 따라서 레이트와 디튠으로 작은 공간감을 만듭니다.

02. MIX : 0

추후 모듈레이션을 믹스에 할당해 공간감을 크게 했다가 줄이는 효과를 만듭니다.

그림 4_267 HYPER/DIMENSION 설정

■ DISTORTION 설정

01. Lin.Fold

리니어 폴드 디스토션은 수학적으로 배음 구조를 만드는 디스토션으로 음악적이기보다 사운드를 좀 더 기계적인 방향으로 왜곡합니다. 오실레이터에서 만든 굵는 소리를 강조하는 데 효과적입니다.

02. PRE 활성화, F : 504Hz, Q : 0.3, HP : 100

중저음을 제거, 약 400Hz의 이상의 사운드에만 디스토션을 걸고 멜로디가 연주되는 500Hz 주변 대역을 부스트하여 선명하게 합니다.

03. DRIVE : 18

드라이브 값은 과도하지 않게 약간만 설정하여 원래 사운드를 강조하는 정도의 효과를 줍니다.

그림 4_268 DISTORTION 설정

■ COMPRESSOR 설정

01. THRESH : −16.7dB, RATIO : 10:1, ATTACK : 0ms, RELEASE : 0.1ms, GAIN : 28.6dB

강력한 컴프레싱으로 레벨을 누르고 다시 끌어올려 사운드를 단단하게 만듭니다.

02. MULTIBAND 활성화 > H : 104, M : 200, L : 0

멀티밴드를 활성화해 중음역대를 보다 더 컴프레싱하여 소리를 더욱 선명하게 합니다.

그림 4_269 COMPRESSOR 설정

■ FX > FILTER 설정

01. Normal > High 24

컴프레싱으로 높아진 중저음역대의 불필요한 사운드를 제거하기 위해 하이패스 필터를 선택합니다.

02. CUTOFF : 403Hz, RES : 24

중저음역대를 제거하고 레저넌스로 멜로디 음역대를 약간 더 강조합니다.

그림 4_270 FX FILTER 설정

■ EQ 설정

01. 오른쪽 피킹 필터 선택

특정 음역대를 강조할 수 있는 피킹 필터를 선택합니다.

02. FREQ : 1335Hz, Q : 33, GAIN : 6.9dB

고음역대를 전체적으로 완만하게 부스트하여 사운드를 좀 더 강하고 선명하게 만듭니다.

그림 4_271 EQ 설정

■ LFO 1 설정 및 HYPER 모듈레이션

01. LFO 1 마지막 점을 최대로 설정, 나머지는 디폴트

LFO 1의 가운데 점을 오른쪽 윗부분으로 드래그해
그림과 같이 오른쪽이 위로 올라간 직각삼각형 모양
을 만듭니다.

그림 4_272 LFO 1 설정

02. LFO 1을 HYPER의 MIX에 할당

LFO 1의 사 방향 화살표를 HYPER 의 MIX로 드래그 앤드 드롭합니다.

03. 모듈레이션 어마운트: 14

사이드체인 효과처럼 메인 신스의 공 간감이 템포에 맞춰 커졌다가 작아집 니다.

그림 4_273 LFO 1 HYPER 모듈레이션 설정

■ VOICING 설정

01. MONO, LEGATO 활성화

원곡과 같이 단선율을 연주하는 리드 악기에 어울리는 설정입니다.

02. PORTA: 102ms

음과 음의 피치를 연결하는 데 걸리는 시간으로 원곡과 같이 글라이드 효과가 명확하 게 들릴 수 있게 설정합니다.

그림 4_274 VOICING 설정

■ MASTER 설정

01. MASTER: 38

전체 사운드가 클리핑 되지 않게 볼륨을 낮춰줍니다.

그림 4_275 MASTER 설정

■ 사운드 확인하기

원곡 Madonna − Bitch I'm Madonna와 같이 BPM 150의 세럼이 삽입된 미디 트랙을 만들고, 원곡의 느낌을 살린 다음의 악보를 참고하여 미디 노트를 만들어 봅니다. 마지막으로 사운드를 재생해 확인합니다.

악보 4_15 Bitch I'm Madonna 스타일

4.16. Don Diablo x Zonderling – No Good

돈 디아블로(Don Diablo)와 존덜링(Zonderling)이 함께한 퓨처 하우스 곡 **No Good**에 등장하는 베이스 소리입니다. 톱니파를 이용해 배음이 풍부한 거친 소리를 만들고 엔벌로 프로 약간의 느린 어택과 빠른 디케이를 만듭니다. 또한 필터와 서브 오실레이터에 할당한 모듈레이션 효과를 통해 '우웅~'하는 소리를 추가합니다.

 알고 가기

No Good은 네덜란드 출신의 DJ이자 프로듀서인 돈 디아블로와 EDM 프로듀서 듀오인 존덜링(Zonderling)이 함께 만든 음악으로 2018년 7월에 'HEXAGON by Spinnin' Records'에서 배포한 퓨처 하우스 장르의 싱글 앨범입니다. No Good 은 Rave 음악의 클래식으로 알려진 Prodigy의 **No Good (Start the Dance, 1994)**에 대한 존경을 담아 만든 곡입니다. 퓨처 하우스는 트로피칼 하우스와 함께 딥 하우스의 하위 장르입니다. 퓨처 하우스는 리듬과 화성에서 재즈, 소울적인 느낌을 유지하면서 미래 지향적인 전자 사운드를 추구합니다. 특히 소울적인 느낌은 그루브 있는 베이스 사운드에서 찾을 수 있습니다.

■ OSC A 설정

01. OSC A 전원 ON, 파형 Default, PHASE : 0, RAND : 0

원곡 악기의 많은 배음을 재현하기 위해 디폴트 파형인 톱니파를 사용합니다. 그리고 언제나 같은 페이즈를 연주해 소리의 변화가 없도록 하기 위해 페이즈와 랜덤을 최소화합니다.

02. LEVEL : 54

다른 오실레이터들과 밸런스를 위한 설정입니다.

그림 4_276 OSC A 설정

■ OSC B 설정

01. OSC B 전원 ON, 파형 Default, OCT : +1,

OSC A보다 한 옥타브 위에서 재생돼 배음 구조를 보다 복잡하게 만듭니다. 배음 구조가 복잡하면 복잡할수록 더욱 거친 소리를 만들 수 있습니다.

02. UNISON : 4, DETUNE : 0.11

4개의 유니즌과 디튠을 사용해 소리를 넓혀줍니다. 이 또한 조금 더 복잡한 배음 구조를 만드는 데 도움이 됩니다.

03. PHASE : 0, RAND : 0

OSC A와 마찬가지로 언제나 같은 페이즈에서 연주하도록 합니다.

그림 4_277 OSC B 설정

■ SUB 설정

01. SUB 전원 ON, 톱니파 선택, OCTAVE : 1

서브 오실레이터도 기음보다 한 옥타브 위에서 재생되며 배음 구조에 힘을 더하는 설정입니다.

02. LEVEL : 0

레벨은 최소화하고 추후 모듈레이션으로 조절합니다.

그림 4_278 SUB 설정

■ FILTER 설정

01. FILTER 전원 ON, Normal > Low 18

기울기가 어느 정도 있는 로우패스 필터를 선택합니다. 로우 패스 필터의 컷오프 프리퀀시가 모듈레이션 될 때 필터 기울기의 크기에 따라 소리에 영향을 줍니다.

그림 4_279 FILTER 설정

02. A와 B 활성화

활성화한 OSC A, B 외의 서브 오실레이터는 그 레벨이 다른 소스에 의해 모듈레이션되므로 굳이 필터를 적용할 필요가 없습니다.

03. CUTOFF: 1247Hz, RES: 0

컷오프 프리퀀시는 배음을 제거할 정도로 설정하고 추후 모듈레이션 합니다. 레저넌스도 최소화하여 필터의 움직임을 왜곡하지 않도록 합니다.

그림 4_280 FILTER 설정

■ ENV 1 설정

01. ATTACK: 40ms, DECAY: 879ms, SUSTAIN: -∞

원곡과 같이 어택을 약간 늦춰주고 서스테인을 최소화하여 소리가 '우웅~'하고 울리면서 지나가는 듯한 ADSR을 설정합니다.

그림 4_281 ENV 1 설정

■ ENV 2 설정 및 모듈레이션

01. ATTACK: 49ms, SUSTAIN: 0%, 나머지 디폴트

ENV 2는 모듈레이션에 사용됩니다. 어택은 살짝 늦추고 서스테인을 최소화하여 어택이 느린 플럭의 ADSR처럼 설정합니다.

02. ENV 2를 필터의 CUTOFF에 할당

ENV 2의 사 방향 화살표를 FILTER의 CUTOFF로 드래그 앤 드 드롭합니다.

03. 모듈레이션 어마운트: 14

ENV 2의 ADSR에 따라 CUTOFF가 변화면서 '우웅'하는 효과를 만듭니다.

그림 4_282 ENV 1 설정

그림 4_283 ENV 2 모듈레이션 설정

■ ENV 3 설정 및 모듈레이션

01. DECAY : 345ms, SUSTAIN : 0%

디케이 타임을 줄이고, 서스테인을 최소화하여 플럭
이나 타악기의 ADSR처럼 설정합니다.

02. ENV 3를 서브오실레이터의 LEVEL에 할당

ENV 3의 사 방향 화살표를 SUB의 LEVEL로 드래
그 앤드 드롭합니다.

03. 모듈레이션 어마운트 : 16

ENV 3의 ADSR에 따라 서브 오실레이터의 볼륨이
변화하고 타악기같이 짧은 어택의 톱니파 사운드가
재생됩니다. 이것은 전체 사운드에 배음을 더하여 더
선명하고 거친 소리를 만들어 줍니다.

그림 4_284 ENV 3 모듈레이션 설정

■ FX 순서 설정

01. HYPER/DIMENSION – DISTORTION – CHORUS – FILTER – EQ
– REVERB – COMPRESSOR

위 순서에 따라 이펙트를 적용합니다.

그림 4_285 FX 순서 설정

■ HYPER/DIMENSION 설정

01. HYPER > MIX : 34

하이퍼를 사용하여 더욱더 넓게 퍼지는 소리를 만듭니다. 믹스 값을 충분히 설정해 퍼지는 효과가 잘 들릴 수 있게 합
니다.

그림 4_286 HYPER 설정

■ DISTORTION 설정

01. Sin Fold

사인 폴드 디스토션은 드라이브 값에 따라 노이즈와 비슷한 고주파수 대역의 왜곡을 만들어 냅니다. 고주파수 대역의 소
리를 거칠게 만들 때 효과적입니다.

02. DRIVE : 14, MIX : 72

드라이브로 약간의 디스토션을 더하고 믹스 값을 충분히 설정해 원래 소리와 잘 어우러지게 합니다.

그림 4_287 DISTORTION 설정

■ CHORUS 설정

01. MIX : 32

전체 사운드를 더 넓게 만들기 위해 스테레오감을 더해 줍니다.

그림 4_288 CHORUS 설정

■ FX > FILTER 설정 및 ENV 2 모듈레이션

01. Normal > Low 24

필터 이펙트에 로우패스를 한 번 더 설정합니다. 이 로우패스 필터는 이펙트를 통과하며 생긴 고음역대의 거친소리를 필터링합니다.

02. FREQ : 106Hz

이 필터가 전체 사운드에 확실히 영향을 미칠 수 있도록 컷오프 프리퀀시를 낮게 설정합니다.

그림 4_289 FX FILTER 설정

03. ENV 2의 FX FILTER 모듈레이션 설정

ENV 2의 사 방향 화살표를 FILTER 이펙트의 CUTOFF로 드래그 앤드 드롭합니다.

■ OSC A 설정

그림 4_295 OSC A 설정

01. OSC A 전원 ON, Spectral > Trilobyte 1 [SL]

이 파형은 매우 거칠게 디스토션된 사람의 모음 발음을 구현할 수 있습니다. Spectral 카테고리에 있는 웨이브테이블들은 독특하고 복잡한 배음 구조로 돼 있습니다. 거친 파형으로 구성된 이 웨이브 테이블의 포지션을 모듈레이션하면 다양하고 독특한 사운드를 만들 수 있습니다.

02. OCT: −2

옥타브를 낮게 설정하면 파형이 만들어 내는 배음들을 넓게 사용할 수 있습니다.

03. Warp > BEND +: 28

벤드 플러스는 파형을 변조합니다. 기본값을 28로 설정하고 추후에 모듈레이션하면 거친 사운드의 파형을 보다 더 강력하게 만들 수 있습니다.

04. LEVEL: 85

추후 추가할 서브 오실레이터와의 밸런스를 위한 레벨을 설정합니다.

그림 4_296 OSC A 설정

■ SUB 설정

그림 4_297 SUB 설정

01. SUB 전원 ON, 파형 Default, OCTAVE: −2

디폴트 파형인 사인파를 그대로 사용하고 옥타브도 낮춰서 OSC A 의 저음 쪽에 무게를 만들어 줍니다.

02. LEVEL: 35

OSC A를 도와줄 정도의 레벨 밸런스를 설정합니다.

▪ FILTER 설정

01. FILTER 전원 ON, Multi > BP 12

밴드패스 필터를 설정해 특정 주파수 대역만 강조하는 사운드를 만듭니다. 멀티 카테고리에 있는 밴드패스 필터는 2개의 독립된 주파수를 갖기 때문에 보다 더 다양한 사운드를 만들 수 있습니다.

02. CUTOFF : 21Hz, RES : 53

CUTOFF는 기본값을 낮게 설정해 추후에 모듈레이션합니다. 레저넌스는 높게 설정해 추후 모듈레이션 될 컷오프 프리퀀시의 움직임을 보다 선명하게 만듭니다.

그림 4_298 FILTER 설정

03. DRIVE : 72, FREQ : 75%

드라이브를 높게 설정해 필터로 들어오는 신호를 증폭시킵니다. 증폭시키는 만큼 필터가 사운드에 미치는 영향력은 커지며 증폭의 정도에 따라 디스토션이 발생할 때도 있습니다.

FREQ는 고주파수 대역을 설정해 CUTOFF가 모듈레이션 될 때 해당 주파수 대역에 힘을 실어 줍니다.

그림 4_299 FILTER 설정

▪ LFO 1 설정

01. 투명 포인트를 끌어올려 반원 만들기

LFO 1의 그래프를 반투명 포인트 위쪽으로 드래그해 반원 모양을 만듭니다. 추후 다양한 파라미터를 모듈레이션 하게 됩니다.

02. TRIG 활성화

트리거 모드를 설정해 노트가 연주될 때마다 LFO 1의 페이즈를 처음부터 시작하게 합니다.

그림 4_300 LFO 1 설정

■ LFO 1 모듈레이션 설정

01. LFO 1을 OSC A의 WT POS에 할당, 모듈레이션 어마운트: 100

LFO 1의 사 방향 화살표를 OSC A의 WT POS로 드래그 앤드 드롭합니다.

모듈레이션 어마운트를 100으로 설정해 웨이브테이블에 포함된 모든 파형을 사용할 수 있게 합니다.

그림 4_301 LFO 1 모듈레이션 설정

02. LFO 1을 OSC A의 BEND +에 할당, 모듈레이션 어마운트: 23

LFO 1의 사 방향 화살표를 OSC A의 워프 노브인 BEND +로 드래그 앤드 드롭합니다.

모듈레이션 어마운트를 23으로 설정해 웨이브테이블 포지션과 함께 재생되는 파형을 변화시키며 더욱 독특하고 강력한 사운드를 만듭니다.

그림 4_302 LFO 1 모듈레이션 설정

03. LFO 1을 FILTER의 CUTOFF에 할당, 모듈레이션 어마운트: 52

LFO 1의 사 방향 화살표를 FILTER의 CUTOFF로 드래그 앤드 드롭합니다.

모듈레이션 어마운트는 52로 설정해 초저음부터 중고음역대까지 필터가 열리게 합니다.

그림 4_303 LFO 1 모듈레이션 설정

■ FX 순서 설정

01. HYPER/DIMENSION – DISTORTION – EQ – FILTER

위의 순서에 따라 이펙트들을 적용합니다.

그림 4_304 FX 순서 설정

■ HYPER/DIMENSION 설정

01. HYPER > MIX: 0

하이퍼는 사용하지 않으므로 믹스 값을 최소로 설정합니다.

02. DIMENSION > SIZE: 0, MIX: 50, 추후 저음 모노화 필요

디멘션의 SIZE를 최소로 하고 믹스 값을 적절하게 설정하면 사운드가 스테레오감을 갖게 됩니다. 원곡 베이스는 중고주파수 대역에 스테레오감을 갖고 있습니다. 디멘션을 사용할 때는 저주파수 대역부터 고주파수 대역까지 전 주파수 영역이 스테레오화 되기 때문에 추후 외장 플러그인 등을 사용해 저주파수 대역은 모노화하는 것을 권장합니다.

그림 4_305 HYPER.DIMENSION 설정

■ DISTORTION 설정

01. Diode 1

다이오드 디스토션은 홀수 배음 구조를 기반으로 하는 디스토션입니다. 고주파수 대역을 강화하여 전체 사운드를 거칠게

만드는 데 효과적입니다.

02. DRIVE : 30, MIX : 23

드라이브와 믹스의 설정값은 약간의 디스토션 추가로 사운드에 힘을 실어 줍니다.

그림 4_306 DISTORTION 설정

■ EQ 모듈레이션 설정

01. 왼쪽 GAIN 모듈레이션 설정, 모듈레이션 어마운트 : 38

LFO 1의 사 방향 화살표를 EQ의 왼쪽 GAIN으로 드래그 앤드 드롭합니다.

모듈레이션 타입이 양방향으로 설정된다면 shift + option(윈도우는 Alt) + 클릭해 한 방향으로 바꿔줍니다. 모듈레이

션 어마운트를 38로 설정해 연주될 때마다 저주파수 대역을 강조하는 베이스 사운드를 완성합니다.

그림 4_307 EQ 모듈레이션 설정

02. **오른쪽 하이컷 선택,** FREQ : 14909Hz, Q : 46

오른쪽 EQ는 하이컷을 선택해 소리가 너무 날카롭지 않도록 초고주파수 대역을 제거합니다.

그림 4_308 EQ 설정

■ FX > FILTER 설정

01. Normal > High 24

기울기가 큰 하이컷 필터를 선택합니다.

02. CUTOFF : 23Hz

사운드를 좀 더 선명하게 만들기 위해 초저주파수 대역을 제거해줍니다.

그림 4_309 FX FILTER 설정

■ MASTER 설정

01. MASTER : 55

클리핑을 방지하기 위해 마스터 레벨을 조절합니다.

그림 4_310 MASTER 설정

■ 사운드 확인하기

원곡 Benny Benassi ft. Gary Go − Cinema (Skrillex Remix)와 같이 BPM 145의 세럼이 삽입된 미디 트랙을 만들고, 원곡의 느낌을 살린 다음의 악보를 참고하여 미디 노트를 만들어 봅니다. 마지막으로 사운드를 재생해 확인합니다.

악보 4_17 Cinema (Skrillex Remix) 스타일

4.18. Jauz - Deeper Love

자우스(Jauz)의 베이스 하우스(Bass House) 장르의 곡인 **Deeper Love**에 등장하는 베이스 소리입니다. 베이스 하우스는 딥 하우스의 하위 장르로 딥 하우스를 기본으로 베이스 사운드를 좀 더 부각시키는 특징이 있습니다. 사각파에 FM 사운드, 필터 모듈레이션을 이용합니다. 엔벨로프는 베이스 및 플럭 사운드의 ADSR을 기본으로 합니다.

 알고 가기

미국 출신의 DJ 겸 EDM 프로듀서 자우즈(Jauz, 본명: Sam Vogel)는 트랩, 베이스 하우스, 덥스텝, 퓨처 베이스 등 다양한 스타일의 EDM을 발표합니다. 그는 2014년 디플로(Diplo)의 레이블 Mad Decent에서 싱글 앨범 Feel the Volume을, 2015년 스크릴렉스(Skrillex)와 싱글 **Squad Out**을 발표하고, 2016년에 디플로(Diplo)와 협력하여 MØ의 노래 **Final Song**을 리믹스했습니다. 그 외에도 다양한 곡을 꾸준히 발표했고, 2017년 11월 6일에는 Bite This 라는 레코드 레이블을 설립했습니다. **Deeper Love**는 2015년에 발표한 전형적인 베이스 하우스 장르의 곡입니다.

■ OSC A 설정

01. **OSC A 전원 ON, Analog > Basic Shapes, WT POS: 4, OCT: -1**

    Basic Shapes를 선택하고 웨이브테이블 포지션을 4로 설정해 사각파를 사용합니다. 추후 FM을 더해 배음 구조가 달라지지만, 원곡의 베이스 사운드는 사각파를 기본으로 합니다. 풍부한 배음과 음역대를 만들기 위해 우선 오실레이터 A의 옥타브를 -1로 설정합니다. 추후 다른 오실레이터도 옥타브를 설정합니다.

그림 4_311 OSC A 설정

02. UNISON : 6, DETUNE : 0.15, BLEND : 70

유니즌과 디튠, 블렌드를 사용하여 사운드를 넓게 만듭니다. 딥 하우스
장르의 베이스는 디튠이 사운드에 큰 부분을 차지합니다.

그림 4_312 OSC A 설정

03. Warp > FM (FROM B) : 5%

워프 모드를 FM (FROM B)로 선택하고 값을 5%로 설정해 약간만
영향을 받도록 합니다. 추후 워프 값이 모듈레이션 되면서 사운드를
변형시킵니다.

그림 4_313 OSC A 설정

■ OSC B 설정

01. OSC B 전원 ON, 파형 Default, OCT : +1

OSC B는 FM의 모듈레이터로만 작동하고 추후 레벨을 최소화하여
사운드를 스스로 만들지 않습니다. FM에서 모듈레이터의 파형과 피
치가 사운드에 큰 영향을 미칩니다. 특히 피치는 생성될 배음의 기본
위치를 설정하기에 더욱 중요합니다. 옥타브를 +1로 설정합니다.

02. UNISON : 4, DETUNE : 0.05, BLEND : 74

유니즌과 디튠을 통해 OSC B, 즉 FM의 모듈레이터를 복잡하게 하
여 전체 사운드를 극적으로 만듭니다.

그림 4_314 OSC B 설정

03. LEVEL : 0

OSC B는 FM 모듈레이터로 사용되기에 레벨을 최소화합니다.

▪ SUB 설정

01. SUB 전원 ON, 사각파 선택, OCTAVE: -2

사각파를 선택하고 옥타브를 낮게 설정해 OSC A의 사운드에 로우가 많은 베이스
사운드를 더합니다.

02. LEVEL: 63

OSC A와 밸런스를 맞춥니다.

그림 4_315 SUB 설정

▪ FILTER 설정

01. FILTER 전원 ON, Normal > MG Low 24

아날로그 느낌의 MG 필터 중 기울기가 큰 MG Low 24를 선택합니다.

02. A, S 활성화

필터를 OSC A와 SUB에 적용합니다.

03. CUTOFF: 33Hz, RES: 7

기본 컷오프 프리퀀시를 낮게 잡고 레저넌스는 약간만 줄여줍니다. 컷오프는 추후
모듈레이션 합니다.

04. DRIVE: 14

필터로 들어오는 입력의 드라이브 값을 설정해 필터가 사운드에 주는 영향력을 증
폭합니다.

그림 4_316 FILTER 설정

▪ ENV 1 설정

01. DECAY: 800ms, SUSTAIN: -12.6dB, RELEASE: 540ms

일반적인 일렉 베이스와 같은 ADSR을 만들고 서스테인을 좀 더
설정해 추후 필터로 인하여 만들어지는 사운드를 충분히 낼 수 있
게 합니다.

그림 4_317 ENV 1 설정

■ ENV 2 설정

01. ATTACK : 94ms, DECAY : 280ms, SUSTAIN : 78.72%,
RELEASE : 1.14s

플럭형 ADSR에 서스테인을 추가해 모양을 만듭니다. ENV 2는
추후 필터의 컷오프를 포함해 여러 파라미터의 모듈레이션을 담
당합니다.

그림 4_318 ENV 2 설정

■ ENV 2 모듈레이션 설정

01. OSC A의 Warp > FM (FROM B)에 할당

ENV 2의 사 방향 화살표를 OSC A의 Warp > FM
(FROM B)로 드래그 앤드 드롭합니다.

02. 모듈레이션 어마운트: 43

ENV 2의 ADSR에 따라 FM 사운드를 순간적으로 늘
려서 많은 배음을 창출하고, 서스테인 레벨로 FM 사
운드의 잔향을 남기는 설정입니다. 이것은 어택 타임에
FM 사운드를 실어 딥 하우스 스타일의 베이스를 만드
는 것입니다.

그림 4_319 ENV 2 워프 모듈레이션 설정

03. FILTER의 CUTOFF에 할당, 모듈레이션 어마운트: 66

ENV 2의 사 방향 화살표를 FILTER의 CUTOFF로 드래그 앤드 드롭합니다. 모듈레이션 어마운트는 66으로 설정합니
다. 필터 모듈레이션에 의해 필터가 순간적으로 열릴 때 FM으로 생성된 배음이 재생되어 보다 임팩트 있는 베이스 사운
드를 만듭니다.

그림 4_320 ENV 2 필터 모듈레이션 설정

■ FX 순서 설정

01. HYPER/DIMENSION – DISTORTION – REVERB – EQ – COMPRESSOR

위 순서에 따라 이펙트를 적용합니다.

그림 4_321 FX 순서 설정

■ HYPER/DIMENSION 설정

01. HYPER > MIX : 0, DIMENSION > SIZE : 25, MIX : 28

하이퍼는 믹스 값을 최소로하여 사용하지 않습니다. 디멘션을 사용하여 베이스 사운드에 약간의 스테레오감을 부여합니다.

그림 4_322 HYPER/DIMENSION 설정

■ DISTORTION 설정

01. DRIVE : 26, MIX : 30

나머지는 디폴트 설정을 사용하고, 드라이브와 믹스 값 설정으로 약간의 디스토션을 사운드에 더합니다.

그림 4_323 DISTORTION 설정

■ REVERB 설정

01. PLATE 활성화, SIZE : 30, PRE DELAY : 0, HIGH CUT : 72, WIDTH : 87, MIX : 28

플레이트 리버브를 통해 약간의 아날로그 느낌을 줍니다. 프리 딜레이를 최소화하여 리버브가 베이스 사운드의 어택에 실리도록 합니다. 하이컷으로 고음의 잔향을 제거하고 너비 값을 크게 설정하여 사운드에 충분한 공간감을 부여합니다.

그림 4_324 REVERB 설정

■ EQ 설정

01. 왼쪽, FREQ : 97Hz, GAIN : 14.7dB

원곡 베이스 사운드는 서브 베이스의 영역까지 충분한 음압을 갖고 있습니다. 100Hz 이하의 저음역대를 충분히 부스트 합니다.

02. 오른쪽, FREQ : 973Hz, GAIN : 8.2dB

전체 사운드를 보다 더 선명하게 만들기 위해 1000Hz 이상의 고음역대를 부스트하고 게인 값을 설정해 배음들의 음압을 증폭시킵니다.

그림 4_325 EQ 설정

■ COMPRESSOR 설정

01. THRESH: −3.0dB, RATIO: 8:1, ATTACK: 0ms, RELEASE: 0.1ms, GAIN: 1.3dB

어택과 릴리즈가 짧은 컴프레서 설정으로 사운드를 약간 누르고 누른 만큼 게인으로 소리를 올려줍니다.

그림 4_326 COMPRESSOR 설정

■ MASTER 설정

01. MASTER: 51

전체 사운드의 레벨을 클리핑이 생기지 않도록 조정합니다.

그림 4_327 MASTER 설정

■ 사운드 확인하기

원곡 Jauz − Deeper Love와 같이 BPM 125의 세럼이 삽입된 미디 트랙을 만들고, 원곡의 느낌을 살린 다음의 악보를 참고하여 미디 노트를 만들어 봅니다. 마지막으로 사운드를 재생해 확인합니다.

악보 4_18 Deeper Love 스타일

4.19. Porter Robinson — Lionhearted

일렉트로닉 / 신스 팝 스타일의 **Porter Robinson — Lionhearted**에서 처음부터 등장하는 플럭 소리입니다. 사인파와 사각파에 잔향이 있는 플럭 스타일의 ADSR을 적용하고, 노이즈 샘플로 어택을 추가합니다. 또한 LFO를 이용한 피치 모듈레이션으로 음정의 떨림을 더하면 원곡의 사운드를 만들 수 있습니다.

 알고 가기

포터 로빈슨(Porter Robinson)은 미국 출신의 DJ 겸 일렉트로닉 신스 팝 프로듀서로 2014년 앨범 **Worlds**를 발표했으며 빌보드의 Top Dance / Electronic Albums에서 1위를 기록했습니다. 또한 2019년 싱글 **Ghost Voices**로 그래미상을 받았으며 활발히 활동 중입니다. **Lionhearted**는 2014년 Wolrds 앨범의 세 번째 수록곡이며 스웨덴 팝 밴드 Urban Cone이 보컬을 담당했습니다.

■ OSC A 설정

01. OSC A 전원 ON, Analog > Basic Shapes

Basic Shapes 웨이브테이블의 디폴트 파형인 사인파를 선택합니다.

OSC B와 더불어 기음에 에너지를 더할 수 있습니다.

02. LEVEL : 44

추후 설정할 OSC B, NOISE와 밸런스를 맞춥니다.

그림 4_328 OSC A 설정

■ OSC B 설정

01. **OSC B 전원 ON, Analog > Basic Shapes, WT POS : 4**
원곡 사운드의 배음 구조를 재현하기 위해 WT POS 4를 사각파로 설정합니다.

02. **LEVEL : 41**
다른 오실레이터와 밸런스를 맞춥니다

그림 4_329 OSC B 설정

■ NOISE 설정

01. **NOISE 전원 ON, Attacks_Misc > kick trans 4**
노이즈는 킥 트랜지언트 샘플을 선택합니다. 플럭 사운드에 어택감을 부여해서 '탕~' 하는 듯한 소리를 만들 수 있습니다.

02. **원샷 모드 활성화**
반복 없이 노트에 맞게 재생하기 위해 원샷 모드를 활성화합니다.

그림 4_330 NOISE 설정

■ FILTER 설정

01. **FILTER 전원 ON, Normal > MG Low 24**
필터 엔벨로프를 사용할 때는 기울기가 큰 타입의 필터가 효과적입니다. MG 필터는 로우파이/아날로그 느낌을 살릴 때 효과적입니다.

02. **A, B, N 활성화**
필터는 OSC A, B, NOISE에 모두 적용해 전체 사운드에 영향을 주도록 합니다.

03. **CUTOFF : 82Hz**
추후의 모듈레이션을 위해 시작점은 낮게 잡습니다.

그림 4_331 FILTER

▪ ENV 2 설정

01. DECAY : 866ms, SUSTAIN : 39.39%, RELEASE : 658ms

필터를 조정할 엔벌로프입니다. 전형적인 플럭의 ADSR보다는
잔향이 약간 남을 수 있게 서스테인과 릴리즈를 설정합니다.

그림 4_332 ENV 2 설정

▪ ENV 2 모듈레이션 설정

01. ENV 2를 CUTOFF에 할당

ENV 2의 사 방향 화살표를 FILTER의 CUTOFF로 드래그 앤드 드롭합니다.

02. 모듈레이션 어마운트 : 43

ADSR 모양에 따라 컷오프가 움직이며 잔향이 있는 플럭 소리를 만듭니다.

그림 4_333 ENV 2 모듈레이션 설정

■ ENV 1 설정

01. DECAY: 743ms, SUSTAIN: -19.7dB, RELEASE: 518ms
세럼 전체 볼륨 레벨을 담당하는 앰프 엔벌로프인 ENV 1의
ADSR도 잔향이 있는 플럭 스타일로 설정합니다.

그림 4_334 ENV 1 설정

■ LFO 1 설정

01. 폴더 아이콘 > Basic > sine
원곡에서 나타나는 피치의 떨림을 표현하기 위해 LFO의 모양
을 사인파로 변경합니다. 추후 모듈레이션을 통해 사운드의 피
치를 변화시킵니다.

02. TRIG 활성화, RATE: 1/16, 나머지는 디폴트
노트가 재생될 때마다 LFO가 처음부터 다시 시작할 수 있도
록 TRIG를 활성화합니다. LFO가 항상 처음부터 다시 재생하
면 매번 같은 피치 변화를 적용할 수 있습니다. 피치 변화의 주
기, 변화의 빠르기를 레이트로 설정합니다.

그림 4_335 LFO 1 설정

■ LFO 1 모듈레이션 설정

01. LFO 1을 OSC A의 CRS에 할당
LFO 1의 사 방향 화살표를 OSC A의 CRS로 드래그 앤
드 드롭합니다.

02. 모듈레이션 어마운트: 2
CRS는 수치가 9일 때 한 옥타브 변화합니다. 2로 설정하
면 모듈레이션이 장 2도에서 단 3도 사이의 음을 변화시킵
니다. 모듈레이션의 방향은 디폴트 값으로 양방향입니다.
이는 연주되는 음을 중심으로 설정된 어마운트만큼 반은 위
로 반은 아래로 피치가 변화하는 것을 뜻합니다.

그림 4_336 LFO 1 모듈레이션 설정

▪ LFO 2 설정

01. LFO 2 모양 그리기

왼쪽 선을 더블클릭해 포인트를 생성하고 중간쯤 되는 높이로
드래그한 다음 왼쪽 벽 끝으로 이동시킵니다. 원래 생성돼 있
던 가운데 포인트를 드래그해 왼쪽 선과 높이를 맞춰줍니다.
맨 오른쪽에도 포인트를 생성해 3/4 정도 되는 높이로 드래그
합니다(그림을 참고하세요).

그림 4_337 LFO 2 설정

02. TRIG 활성화

LFO 2 역시 TRIG를 활성화해 노트가 재생될 때마다 주기를 처음부터 재생하게 합니다.

▪ LFO 2 모듈레이션 설정

01. MATRIX 탭, AUX SOURCE > LFO 2

MATRIX 탭으로 갑니다. LFO 1의 AUX SOURCE를 LFO 2로 설정합니다. LFO 2는 LFO 1의 출력을 모듈레이션
하여 A CoarsePit 변화 범위에 영향을 줍니다. LFO 2의 모양에 따라 노트가 연주되기 시작할 때 LFO 1이 할당된 A
CoarsePit의 피치 범위는 반 정도만 모듈레이션 됩니다. 노트가 지속됨에 따라 그 범위는 커집니다.

SOURCE	CURVE	AMOUNT	DESTINATION	TYPE	MOD	AUX SOURCE
Env 2	/		Fil Cutoff	→	*	---
LFO 1	/		A CoarsePit	↔	*	01 LFO 2

그림 4_338 LFO 2 모듈레이션 설정

▪ FX 순서 설정

01. DISTORTION – REVERB – FILTER – EQ – COMPRESSOR

위 순서에 따라 이펙트를 적용합니다.

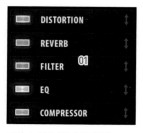

그림 4_339 FX 순서 설정

▪ DISTORTION 설정

01. Diode 1, DRIVE : 82, MIX : 43

원곡 사운드의 디스토션을 재현하기 위해 Diode 1 디스토션 타입을 선택합니다. 드라이브는 많이, 믹스 값은 적절하게
조절해 원음을 해치지 않는 선에서 밸런스를 잡습니다.

그림 4_340 DISTORTION 설정

▪ REVERB 설정

01. MIX : 24

디폴트 설정을 사용하고 믹스 값을 약간만 설정해 원곡 정도의 공간감을 부여합니다.

그림 4_341 REVERB 설정

▪ FX > FILTER 설정

01. Misc > SampHold

Misc 카테고리에 있는 SampHold를 선택합니다. 일명 샘플앤
홀드라고 불리며 소리를 잡아뒀다가 다시 보내는 이펙트입니다.
이는 샘플레이트를 약간 낮춰주는 효과를 만들며 원곡의 로우파
이 분위기를 재현 할 수 있습니다.

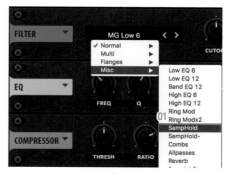

그림 4_342 FX FILTER 타입 설정

02. CUTOFF: 9902Hz, MIX: 77

컷오프를 비교적 높게 설정해 약간의 디스토션을 만듭니다.

그림 4_343 FX FILTER 설정

■ EQ 설정

01. 왼쪽 로우컷 선택, Q: 35

EQ의 왼쪽 부분 컷모양을 선택해 불필요한 저음 부분을 제거해줍니다. 이때 디폴트 값 주파수를 사용하고 Q 값을 조정해 부드럽게 제거합니다.

02. 오른쪽 LPF 선택, FREQ: 4952Hz, Q: 45, GAIN: −12.7dB

오른쪽은 로우패스 필터를 적용해 고음을 제거합니다. 전체 사운드를 부드럽게 하고 저음에 어울리는 음색을 만들 수 있습니다.

그림 4_344 EQ 설정

■ COMPRESSOR 설정

01. THRESH: −21.1dB, ATTACK: 41ms, RELEASE: 21.5ms, GAIN: 0dB

어택 타임을 느리게 설정해 플럭의 어택감을 살리고 서스테인과 릴리즈를 상대적으로 줄여주는 설정입니다. 어택이 약간 더 살아나 '통통' 튀는 듯한 느낌을 줍니다.

그림 4_345 COMPRESSOR 설정

■ MASTER 설정

01. MASTER : 58

마지막으로 마스터를 설정해 클리핑이 되지 않게 합니다.

그림 4_346 MASTER 설정

■ 사운드 확인하기

원곡 **Porter Robinson − Lionhearted**와 같이 BPM 120의 세럼이 삽입된 미디 트랙을 만들고, 원곡의 느낌을 살린 다음의 악보를 참고하여 미디 노트를 만들어 봅니다. 마지막으로 사운드를 재생해 확인합니다.

악보 4_19 Lionhearted 스타일

4.20. The Chainsmokers – Closer

체인스모커스의 **Closer**는 EDM의 대중화에 가장 큰 역할을 한 장르인 퓨처 베이스 풍의
곡입니다. 유니즌과 디튠 등으로 넓고 배음이 풍부한 톱니파 사운드를 만든 후 LFO의 곡
선으로 필터를 모듈레이션 해서 컷오프 프리퀀시가 LFO 곡선에 따라 변하는 퓨처 베이스
스타일의 코드패드 사운드를 만들어 봅니다.

 알고 가기

체인스모커스는 알렉산더 폴(Alexander Pall)과 앤드류 태크가르트(Andrew
Taggart)로 구성된 미국 DJ 및 프로덕션 듀오입니다. 2015년 10월에 첫 EP인
Bouquet로 데뷔했습니다. 2016년에 발표한 EP Collage 수록곡 Don't Let me
Down(ft. Daya)은 빌보드 핫 100에서 5위를 차지하고 59번째 그래미 시상식에서
'Best Dance Recording' 부문을 수상했습니다. Collage에 수록된 Closer는 빌
보드 핫 100에서 9위에 올랐으며 이 곡의 보컬인 할시(Halsey)는 2019년 한국 가수 BTS(방탄소년단)의 **작
은 것들을 위한 시**(Boy With Luv)에서 노래로 참여했습니다.

■ OSC A 설정

01. **OSC A 전원 ON, Analog > Basic Shapes, WT POS : 2**
퓨처 베이스 계열은 배음이 많은 톱니파를 사용합니다. 톱니파의 배음
을 필터로 조정하면 극적인 사운드 효과를 만들 수 있기 때문입니다.

02. **UNISON : 8, DETUNE : 0.13, BLEND : 66**
유니즌의 수를 늘리고 디튠과 블렌드로 원음의 피치가 손상되지 않을
만큼만 소리를 넓혀줍니다.

03. **LEVEL : 78**
OSC B와의 레벨 밸런스를 조절합니다.

그림 4_347 OSC A 설정

■ OSC B 설정

01. OSC B 전원 ON, Analog > Basic Shapes, WT POS : 2, OCT : +1

OSC A와 같은 톱니파를 선택하고 옥타브를 올려주어 OSC A의 배음을 보충합니다.

02. UNISON : 8, DETUNE : 0.13, BLEND : 56

기본적으로 OSC B의 유니즌과 디튠으로 OSC A와 비슷하게 소리를 넓게 만들지만, A의 설정보다는 약간 작게 하여 사운드가 너무 퍼지지 않게 조절합니다.

03. LEVEL : 58

OSC A를 보완하는 역할로 밸런스를 잡아줍니다.

그림 4_348 OSC B 설정

■ FILTER 설정

01. FILTER 전원 ON, Normal > Low 18

일반적인 로우패스 필터를 설정합니다.

02. A, B 활성화

OSC A와 B에 필터를 적용해 필터가 전체 사운드에 영향을 미치게 합니다.

03. CUTOFF : 364Hz, RES : 0

추후 모듈레이션 될 컷오프의 기본 출발점을 잡고 레저넌스는 최소화합니다.

그림 4_349 FILTER 설정

■ ENV 1 설정

01. RELEASE : 350ms

원곡과 같이 코드 연주의 잔향이 남도록 릴리즈 타임을 충분히 설정합니다.

그림 4_350 ENV 1 설정

■ LFO 1 설정

01. ENV 모드 활성화, RATE : 1/16

ENV 모드로 설정하면 LFO는 한 번만 재생됩니다. 사운드의 기본 엔벌로프는 그래프의 모양으로 조정할 수 있으며 레이트 는 음표 단위로 설정할 수 있습니다.

02. 그래프의 가운데 위에 있는 흰색 포인트를 약간 오른쪽(그 리드 한 칸)으로 옮깁니다. 앞쪽에 있는 투명 포인트와 뒤 쪽에 있는 투명 포인트는 위쪽으로 드래그해 그림과 같은 모양을 만듭니다.

그림 4_351 LFO 1 설정

■ LFO 1 모듈레이션 설정

01. LFO 1을 FILTER의 CUTOFF에 할당

LFO 1의 사 방향 화살표를 FILTER의 CUTOFF로 드래그 앤드 드롭합니다.

02. 모듈레이션 어마운트 : 43

모듈레이션 타입은 한 방향이고 어마운트 값은 43입니다. LFO 그래프에 따라 컷오프 프리퀀시가 변하며 퓨처 베이스의 전형적인 코드신스 사운드를 만들 수 있습니다.

그림 4_352 LFO 1 모듈레이션 설정

■ FX 순서 설정

그림 4_353 FX 순서 설정

01. HYPER/DIMENSION – REVERB – EQ

위 순서에 따라 이펙트들을 적용합니다.

■ HYPER/DIMENSION 설정

01. HYPER > MIX : 0, DIMENSION > SIZE : 15, MIX : 100

하이퍼는 믹스를 최솟값으로 설정해 사용하지 않습니다. 디멘션은 전체 사운드에 약간의 공간감을 부여합니다.

그림 4_354 HPYER/DIMENSION 설정

▪ REVERB 설정

01. **디폴트 HALL, SIZE : 26, DECAY : 4.6s, HIGH CUT : 34, MIX : 25**

리버브는 디폴트 값에서 약간 수정하여 코드 연주 사운드의 잔향이 살짝 번져 나갈 수 있게 합니다.

그림 4_355 REVERB 설정

▪ EQ 설정

01. **왼쪽 로우컷 필터, FREQ : 215Hz, Q : 47**

EQ의 왼쪽, 가장 아래에 있는 로우컷 필터를 선택해 필요없는 저음을 제거합니다.

02. **오른쪽 상단 디폴트 Shelf, GAIN : 2.2dB**

EQ의 오른쪽에 있는 디폴트 설정인 Shelf를 선택하고 게인을 조금 올려 고음역대를 약간 강조합니다. 전체 사운드가 보다 선명하게 들립니다.

그림 4_356 EQ 설정

▪ MASTER 설정

01. **MASTER : 58**

클리핑이 생기지 않게 조금 낮춥니다.

그림 4_357 MASTER 설정

■ 사운드 확인하기

원곡 The Chainsmokers – Closer와 같이 BPM 95의 세럼이 삽입된 미디 트랙을 만들고, 원곡의 느낌을 살린 다음의 악보를 참고하여 미디 노트를 만들어 봅니다. 마지막으로 사운드를 재생해 확인합니다.

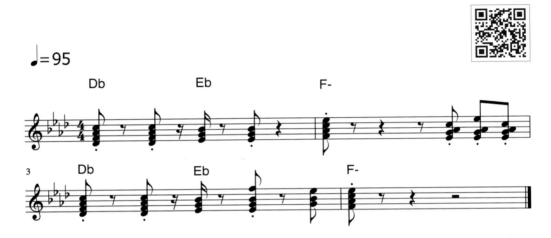

악보 4_20 Closer 스타일

4.21. Hudson Mohawke – Chimes

허드슨 모호크(Hudson Mohawke)의 **Chimes**에 만들어 볼 사운드는 힙합, 트랩 장르에
서 많이 등장하는 브라스 느낌의 리드입니다. 톱니파와 트라이앵글이 혼합된 웨이브테이
블에 유니즌과 디튠을 이용해 넓고 큰 느낌을 추가한 다음 필터 엔벌로프의 모듈레이션을
이용해 브라스 느낌의 사운드를 완성합니다.

 알고 가기

허드슨 모호크는 스코틀랜드 출신의 DJ 겸 프로듀서로 2009년 첫
앨범 **Butter**를 발표했습니다. 2011년에는 캐나다 프로듀서 루이체
(Lunice)와 듀오 팀 TNGHT를 결성했습니다. 2012년 카니예 웨스트
(Kanye West)의 GOOD Music 프로덕션 팀과 계약을 맺고 카니예 웨
스트, 푸샤(Pusha) T, 드레이크(Drake), A$AP 록키(Rocky) 등의 노
래 제작에 기여했습니다. **Chimes**는 2014년에 발표됐으며 그해 11월
에 푸샤(Pusha) T, 트래비스 스콧(Travis Scott), 프렌스 몬태나(French
Montana) 등이 참여한 **Chimes RMX** 리믹스 앨범이 발표됐습니다. 이
곡은 애플사의 맥북 에어 TV 광고에 사용됐습니다.

■ OSC A 설정

01. **OSC A 전원 ON, Analog > DS Saw and Tri**
    톱니파의 거친 배음과 삼각파의 부드러움이 섞여 있는 웨
    이브테이블입니다. 사용할 파형은 하이컷이 된 듯한 톱니
    파 사운드를 가지고 있습니다.

그림 4_358 OSC A 파형 선택

02. **OCT : −1**

원곡처럼 브라스 느낌의 중저음역대 배음을 강조하기 위해 한 옥타브
낮춥니다.

03. **UNISON : 6, DETUNE : 0.11**

유니즌과 디튠을 사용해 소리가 조금 퍼지는 브라스 느낌을 만듭니다.

그림 4_359 OSC A 설정

■ UNISON 모드 설정

01. **GLOBAL 탭 > UNISON MODE > Linear > Exp**

글로벌 탭으로 이동해 OSC A의 유니즌 모드를 비선형적인
Exp로 바꿉니다. Exp 모드는 디튠된 보이스의 중앙을 강조
해 사운드가 퍼지면서도 동시에 피치의 명확함을 잃지 않도록
만들어 줍니다.

02. **유니즌 모드에서 디튠 클릭**

유니즌 모드 상태에서 OSC A의 디튠을 클릭하면 모드의 변
화가 어떤 영향을 끼치는지 확인할 수 있습니다.

그림 4_360 OSC A UNISON 모드 설정

■ OSC B 설정

01. **OSC B 전원 ON, 파형 Default, LEVEL : 40**

OSC B는 디폴트 설정을 사용하며 레벨을 줄여서 OSC A의 소리 위
에 배음을 더해주는 역할을 하게 합니다.

그림 4_361 OSC B 설정

■ FILTER 설정

01. FILTER 전원 ON, MG Low 12(디폴트)

디폴트 필터 타입인 MG Low 12를 그대로 사용합니다.

02. A, B 활성화, RES： 0

필터를 적용할 대상인 OSC A와 B를 활성화하고 RES는 0으로 설정합니다.
RES가 0이면 컷오프 프리퀀시를 증폭하지 않아서 단순한 필터링을 만들 수 있
습니다. 추후 CUTOFF는 모듈레이션 됩니다.

그림 4_362 FILTER 설정

■ ENV 1 설정

01. ATTACK： 125ms, RELEASE： 344ms

원곡처럼 어택을 느리게 설정하고 릴리즈 타임도 충분히 설정하
여 잔향이 있는 브라스 느낌을 만듭니다.

**02. 어택 선의 투명 포인트를 아래로 이동, 릴리즈 선의 투명 포인
트는 위로 이동**

어택과 릴리즈의 각도를 조정할 수 있는 투명 포인트를 드래그해
그림과 같이 설정합니다. 어택과 릴리즈의 사운드 변화를 더 자세
히 재현할 수 있습니다.

그림 4_363 ENV 1

■ ENV 2 설정

01. ATTACK： 101ms, RELEASE： 344ms

ENV 1과 비슷하게 어택을 느리게, 릴리즈 양은 충분하게 설정합
니다.

**02. 어택선의 투명 포인트를 아래로 이동, 릴리즈 선의 투명 포인
트는 위로 이동**

ENV 1과 비슷한 ADSR 그래프 모양을 그림과 같이 만들어 줍
니다.

그림 4_364 ENV 2

■ ENV 2 모듈레이션 설정

01. ENV 2를 FILTER의 CUTOFF에 할당, 모듈레이션 어마운트 : 52

ENV 2의 사 방향 화살표를 FILTER의 CUTOFF로 드래그 앤드 드롭한 다음 모듈레이션 양은 52로 설정합니다. 모듈레이션 타입은 한 방향입니다. ENV 2의 설정에 따라 노트가 연주될 때마다 필터가 열리며 원곡의 브라스와 같은 사운드 변화를 재현할 수 있습니다.

그림 4_365 ENV 2 모듈레이션 설정

■ FX 순서 설정

01. HYPER/DIMENSION – DISTORTION – REVERB – EQ – FILTER

위 순서에 따라 이펙트들을 적용합니다.

그림 4_366 FX 순서 설정

■ HYPER/DIMENSION 설정

01. HYPER > RATE : 0, DETUNE : 100, UNISON : 7, MIX : 50, DIMENSION > SIZE : 10, MIX : 50

원곡 사운드는 큰 공간감과 동시에 충분한 스테레오감을 갖고 있습니다. 하이퍼에서 최대 유니즌을 설정하고, 디멘션에서는 약간의 공간감을 더하여 브라스의 소리가 왼쪽, 오른쪽 채널을 가득 채울 수 있게 합니다. 이것은 큰 스테레오 이미지를 만들어 줍니다.

그림 4_367 HYPER/DIMENSION 설정

■ DISTORTION 설정

01. Sin Fold 선택, DRIVE : 16

Sin Fold는 중고음역대를 거칠게 만드는 데 효과적인 디스토션 타입입니다. 원곡 브라스의 터프함과 '옹~' 하는듯한 중음역대의 에너지를 만들 수 있습니다.

그림 4_368 DISTORTION 설정

■ REVERB 설정

01. 디폴트 HALL, SIZE : 58, DECAY : 0.8s, HIGH CUT : 26

큰 공간에 순간적으로 울려 퍼지는 소리를 만들기 위해서 사이즈는 크게, 디케이는 작게 설정합니다. 하이컷을 사용해 날카롭게 울려 퍼지는 배음을 차단합니다.

02. SPIN : 100, SPIN DEPTH : 100, MIX : 36

비록 디케이 타임은 짧지만, 스핀과 스핀 뎁스를 사용해 사운드가 순간적으로 퍼져 나갈 때 좌우로 뻗게 하여 큰 공간감을 만드는 설정입니다.

그림 4_369 REVERB 설정

■ EQ 설정

01. **왼쪽 피킹 필터 선택**, FREQ : 456Hz, Q : 39, GAIN : 10.4dB

피킹 필터 타입으로 설정해 중음역대를 부스트합니다. 디스토션에서 강해진 소리를 더욱 강조할 수 있습니다.

02. **오른쪽** Shelf, GAIN : 3.6dB

디폴트 설정인 Shelf 타입으로 2kHz 이상의 고음역대를 약간만 강조하여 전체 소리를 선명하게 만듭니다.

그림 4_370 EQ 설정

■ FX > FILTER 설정

01. Analog > High 24, CUTOFF : 78Hz

불필요한 저음을 제거해 전체 소리를 명확하게 만듭니다.

그림 4_371 FX 필터 설정

■ MASTER 설정

01. MASTER : 57

전체 볼륨을 조절하여 클리핑을 방지합니다.

그림 4_372 MASTER 설정

■ 사운드 확인하기

원곡 **Hudson Mohawke – Chimes**와 같이 BPM 141의 세럼이 삽입된 미디 트랙을 만들고, 원곡의 느낌을 살린 다음의 악보를 참고하여 미디 노트를 만들어 봅니다. 마지막으로 사운드를 재생해 확인합니다.

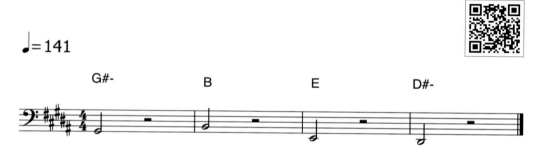

악보 4_21 Chimes 스타일

4.22. Louis The Child — Better Not

루이스 더 차일드(Louis The Child)의 퓨처 베이스 곡인 **Better Not**에 등장하는 리드 소리입니다. 톱니파의 배음을 풍부하게 한 후 LFO, 필터 모듈레이션, 필터 키트랙(Filter KeyTrack) 기능을 사용합니다. 퓨처 베이스는 LFO의 필터 모듈레이션이 중요합니다.

 알고 가기

Better Not은 로비 홀드렌(Robby Hauldren)과 프레드릭 케넷(Frederic Kennett)으로 구성된 시카고 기반의 EDM DJ 및 프로듀서 그룹 루이스 더 차일드의 노래입니다. 일렉트로닉, 퓨처 베이스 장르를 위주로 활동하며 대중들에게 알려진 대표적인 곡은 싱글 **Better Not, It's Strange, Weekend** 그리고 **Fire** 등이 있습니다. 특히 2015년에 발표한 싱글 **It's Strange**는 테일러 스위프트(Taylor Swift)의 극찬과 더불어 마데온(Madeon), 체인 스모커스 (The Chainsmokers) 등 인기 DJ, 프로듀서들의 공연 오프닝 무대에 서며 점차 인지도를 넓혀갔습니다.

호주 가수 와피아(Wafia)가 노래로 참여한 **Better Not**은 2018년에 출시한 싱글로 2019년 현재까지 일렉트로닉 및 퓨처 베이스 장르의 팬들에게 많은 사랑을 받고 있는 곡입니다.

▪ OSC A 설정

01. **OSC A 전원 ON, Basic Shapes, WT POS : 2**

   원곡의 사운드에서 많은 배음을 포함하는 톱니파 사운드를 들을 수 있습니다. Basic Shapes에서 톱니파를 선택합니다.

02. **LEVEL : 100**

   OSC A가 중심이 되는 사운드이기 때문에 레벨을 최대로 올려줍니다.

그림 4_373 OSC A 설정

■ OSC B 설정

01. OSC B 전원 ON, Basic Shapes, WT POS : 2, OCT : +1

톱니파의 배음을 더욱 강조하고 넓은 음역대의 풍부한 소리를 만들기
위해 1옥타브 위의 톱니파를 설정합니다.

02. MIX : 35

OSC A의 옥타브 위 배음을 더해주는 역할을 고려해 레벨은 상대적
으로 낮게 설정합니다.

그림 4_374 OSC B 설정

■ FILTER 설정

01. FITER 전원 ON, MG Low 12(디폴트)

필터 전원을 활성화한 다음 디폴트 설정인 모그 로우패스 필터를 사용합니다.

02. A, B 활성화

필터는 OSC A와 B 모두에 적용합니다.

03. Filter KeyTrack 활성화

키트랙은 연주되는 음의 피치에 따라 필터의 컷오프 프리퀀시를 변하게 하는 기
능입니다. 일반적으로 어쿠스틱 악기들은 피치가 올라가면 올라갈수록 소리가 밝
아지고 배음의 볼륨이 커집니다. 이런 현상을 키트랙을 사용하여 재현할 수 있습
니다. 원곡의 리드 소리는 높은음을 연주할 때 배음이 더 잘 들리기 때문에 이 기
능을 사용하면 효과적입니다.

그림 4_375 FILTER 설정

04. CUTOFF : 390Hz, CUTOFF는 추후 모듈레이션

컷오프 프리퀀시는 키트랙과 추후 추가할 모듈레이션에 의해 복합적으로 변화합니다.

■ ENV 1 설정

그림 4_376 ENV 1 설정

01. ATTACK：31ms, DECAY：67ms, SUSTAIN：-∞,
RELEASE：46ms

원곡 악기의 느낌을 최대한 살리기 위해 앰프 엔벌로프의 미세한
조정이 필요합니다. 어택을 살짝 낮추고 서스테인을 없앤 다음 디
케이 타임을 빠르게 설정합니다. 마지막으로 약간의 릴리즈 타임
을 설정해 미세한 잔향을 남깁니다.

02. 어택 포인트 위로, 디케이 포인트 아래로

어택 라인의 불투명 포인트를 위로 올리고, 디케이 라인의 불투명 포인트는 아래로 내려 그림과 같이 설정합니다.

■ LFO 1 설정

그림 4_377 LFO 1 설정

01. LFO 1 모양 설정

가운데 실점을 왼쪽으로 드래그합니다. 끝까지 드래그하지 않
고 그림과 같이 약간의 공간을 남깁니다. 가운데 투명점은 가
장 아래로 내리고 조금 더 드래그해 기울기를 그림과 같이 조
정합니다.

02. ENV 모드 활성화

엔벌로프 모드를 활성화해 LFO가 노트 재생 시 한 번만 작동하게 합니다.

■ LFO 1 모듈레이션 설정

그림 4_378 LFO 1 모듈레이션 설정

01. LFO 1을 FILTER의 CUTOFF에 할당

LFO 1의 사 방향 화살표를 FILTER의
CUTOFF로 드래그 앤드 드롭합니다.

02. 모듈레이션 어마운트：40

모듈레이션 어마운트를 40 정도로 설정합니
다. LFO의 그래프에 따라 필터 컷오프가 변
하며 원곡의 리드와 흡사한 소리를 만듭니다.

■ FX 순서 설정

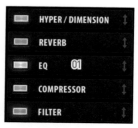

그림 4_379 FX 순서 설정

01. HYPER/DIMENSION – REVERB – EQ – COMPRESSOR – FILTER

위 순서에 따라 이펙트들을 적용합니다.

■ HYPER/DIMENSION 설정

01. HYPER > RATE : 53, DETUNE : 51, UNISON : 6, MIX : 52

하이퍼 이펙트를 사용해 전체 사운드에 디튠을 주고 사운드가 넓게 퍼지는 효과를 만듭니다.

02. DIMENSION > SIZE : 32, MIX : 14

디멘션 이펙트로 약간의 공간감을 더해 줍니다.

그림 4_380 HYPER/DIMENSION 설정

■ REVERB 설정

01. 디폴트 HALL, SIZE : 22, DECAY : 4.1s, HIGH CUT : 51, MIX : 15

사이즈는 작게 믹스 값은 적게 설정해 원곡에서처럼 약간의 잔향을 남기는 리버브를 만듭니다.

그림 4_381 REVERB 설정

■ EQ 설정

01. **오른쪽** Shelf, FREQ : 1436Hz, GAIN : 2.6dB

고주파수 대역을 부스트하여 악기의 배음 부분을 강조합니다.

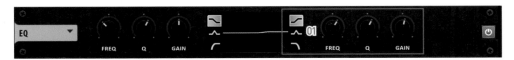

그림 4_382 EQ 설정

■ LFO 1 EQ 모듈레이션 설정

01. **LFO 1을 EQ의 오른쪽 GAIN에 할당**

LFO 1의 사 방향 화살표를 EQ의 오른쪽 GAIN으로 드래그 앤드 드롭합니다.

02. **모듈레이션 어마운트 : 16**

모듈레이션 어마운트를 16으로 설정합니다. LFO 1이 필터의 컷오프를 여는 동시에 고주파수 대역을 부스트하여 전체 악기 소리의 배음 부분을 더욱 강조할 수 있습니다.

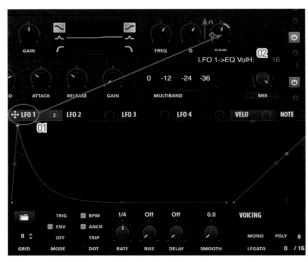

그림 4_383 LFO 1 EQ 모듈레이션 설정

■ COMPRESSOR 설정

01. THRESH : −17.9dB, RATIO : 5:1, ATTACK : 0ms, RELEASE : 0.1ms, GAIN : 6.4dB

짧은 어택과 릴리즈를 설정하고 사운드를 눌러줍니다. 감소한 볼륨을 보완하기 위해 게인을 부스트하여 전체 레벨을 올립니다.

그림 4_384 COMPRESSOR 설정

■ FX > FILTER 설정

01. High 24, CUTOFF : 100Hz

마지막으로 필터를 적용해 필요 없는 저음역대를 정리합니다.

그림 4_385 FX 필터 설정

■ 사운드 확인하기

원곡 **Louis The Child — Better Not**과 같이 BPM 114의 세럼이 삽입된 미디 트랙을 만들고, 원곡의 느낌을 살린 다음의 악보를 참고하여 미디 노트를 만들어 봅니다. 마지막으로 사운드를 재생해 확인합니다.

악보 4_22 Better Not 스타일

4.23. Marshmello – Alone

트랩과 퓨처 베이스 스타일의 **Marshmello - Alone**에 등장하는 리드 소리를 만듭니다. 디스토션이 걸린 듯한 OSC A의 파형과 사람의 목소리를 포함한 OSC B의 파형을 사용합니다. 워프 모드, 웨이브테이블 포지션, 필터에 엔벌로프 모듈레이션을 할당해 얻어지는 사운드의 변화를 만들어 봅니다.

알고 가기

미국 출신의 DJ 겸 EDM 프로듀서인 마시멜로(Marshmello, 본명: Christopher Comstock)는 일렉트로닉, 트랩, 퓨처 베이스, 프로그레시브 하우스 등 다양한 스타일의 음악을 만듭니다. 2015년 첫 데뷔 싱글인 **Keep It Mello**를 시작으로 2016년에는 첫 번째 정식 앨범 **Joytime**을 발표했으며 2019년 현재 세 번째 앨범인 **Joytime**을 발표했습니다. 2016년에 레이블 몬스터캣(Monstercat)을 통해 발표한 싱글 **Alone**은 빌보드 핫 100 및 다양한 차트의 상위권에 올랐고 대중들에게 폭발적인 인기를 얻는 계기가 됩니다.

■ OSC A 설정

01. OSC A 전원 ON, Digital > Dist d00t

중고음역대에 디스토션이 걸린 듯한 Dist d00t를 선택합니다. 독특한 배음 구조의 파형들을 사용할 수 있습니다.

02. Warp > BEND –

벤드 마이너스로 파형을 변형시켜 더 중고음역대가 강조되는 사운드를 만듭니다. 추후 모듈레이션 됩니다.

그림 4_386 OSC A 설정

■ OSC B 설정

01. OSC B 전원 ON, Vowel > E_Yeah

원곡 사운드는 사람 목소리와 비슷한 특징을 가지고 있습니다. 그 부분을 재현하기 위해 목소리와 관련된 웨이브테이블을 선택합니다.

02. UNISON : 3, DETUNE : 0.05, BLEND : 69

유니즌과 디튠으로 소리를 퍼지게 하여 좀 더 사람 목소리와 같은 느낌을 살려줍니다.

03. LEVEL : 81

OSC A와 밸런스를 맞추기 위한 설정입니다.

04. Warp > PWM : 37%

배음이 많아지고 소리가 거칠어 집니다.

그림 4_387 OSC B 설정

■ FILTER 설정

01. FILTER 전원 ON, MG Low 12(디폴트)

필터는 디폴트인 모그 로우패스 필터를 사용합니다.

02. A, B 활성화

필터가 OSC A와 B 모두에 적용됩니다.

03. CUTOFF : 27Hz, RES : 6

컷오프는 추후 모듈레이션 되며 그 효과가 시작되는 설정값입니다. 레저넌스를 약간 줄여주어 모듈레이션 시 컷오프 프리퀀시가 강조되는 것을 약간 감소시켜줍니다.

그림 4_388 FILTER 설정

■ ENV 1 설정

01. ATTACK : 11ms

앰프 엔벌로프인 ENV 1의 어택 타임을 조절해 전체 사운드의 어택을 느리게 합니다. 11ms 정도의 어택 타임은 빠른 페이드인과 같은 효과를 만듭니다.

그림 4_389 ENV 1 설정

■ ENV 2 설정

01. ATTACK : 184ms

추후 모듈레이션 효과를 극대화하기 위해 어택을 느리게 설정합니다.

02. 어택 투명 포인트 끌어올리기

어택선의 투명 포인트를 위쪽으로 드래그해 그림과 같이 만듭니다.

그림 4_390 ENV 2 설정

■ ENV 2 모듈레이션 설정

01. ENV 2를 OSC A의 WT POS에 할당

ENV 2의 사 방향 화살표를 OSC A의 WT POS로 드래그 앤드 드롭합니다.

02. 모듈레이션 어마운트 : 50

모듈레이션 어마운트를 50으로 설정합니다. 순간적으로 웨이브테이블 포지션을 변경시켜 다양한 파형을 사용합니다. 엔벨로프의 그래프에 따라 독특한 배음 구조가 만들어집니다.

그림 4_391 ENV 2 모듈레이션 설정

■ ENV 3 설정

01. ATTACK : 0.7ms, DECAY : 181ms, SUSTAIN : 0%

ENV 3는 플럭형 ADSR을 만듭니다. 어택과 디케이는 짧고 서스테인이 없는 모양을 만듭니다.

02. 디케이의 투명 포인트를 위로 한참 끌어올리기

디케이 선의 투명 포인트를 위로 드래그해 그림과 같은 그래프 모양으로 만듭니다.

그림 4_392 ENV 3 설정

■ ENV 3 모듈레이션 설정

01. ENV 3를 OSC A의 Warp > BEND − 에 할당, 모듈레이션 어마운트: 54

ENV 3의 사 방향 화살표를 OSC A의 Warp > BEND −로 드래그 앤드 드롭한 다음 모듈레이션 어마운트를 54로 설정합니다. 벤드 − 값을 모듈레이션 해서 중고음 역대가 강조되는 사운드를 만듭니다.

02. ENV 3를 FILTER의 CUTOFF에 할당

ENV 3의 사 방향 화살표를 FILTER의 CUTOFF로 드래그 앤드 드롭합니다.

그림 4_393 ENV 3 워프 모듈레이션 설정

03. 모듈레이션 어마운트: 72

전형적인 플럭 소리를 만드는 모듈레이션 타입입니다. 하지만 느린 어택을 가진 앰프 엔벌로프 ENV 1에 영향을 받아 원곡과 같이 '왕왕' 하는 듯한 소리를 만듭니다.

그림 4_394 ENV 3 컷오프 모듈레이션 설정

■ FX 순서 설정

01. EQ − DISTORTION − REVERB − FILTER

위 순서에 따라 이펙트를 적용합니다.

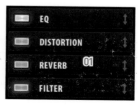

그림 4_395 FX 순서 설정

■ EQ 설정

01. 왼쪽 피킹 필터 선택, FREQ : 514Hz, GAIN : 13.3dB

EQ의 왼쪽은 피킹 필터 타입으로 설정해 선택된 주파수 부분의 소리만 증폭시킵니다. 추후 FREQ는 모듈레이션 됩니다.

02. 오른쪽 Shelf, FREQ : 1163Hz, Q : 52, GAIN : 8.5dB

EQ의 오른쪽은 디폴트 필터 타입 Shelf를 사용하고 프리퀀시와 게인을 조정해 고음역대 부분을 강조합니다. 보다 선명하고 강한 사운드를 만듭니다.

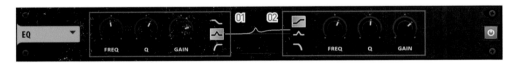

그림 4_396 EQ 설정

■ ENV 3의 EQ 모듈레이션 설정

01. ENV 3을 EQ의 왼쪽 FREQ에 할당

ENV 3의 사 방향 화살표를 EQ의 왼쪽 FREQ로 드래그 앤드 드롭합니다.

02. 모듈레이션 어마운트 : 9

모듈레이션 어마운트를 9로 설정합니다. FREQ 값, 즉 주파수를 ENV 3가 조정하여 ENV 3에 의해 할당된 필터의 컷오프, OSC A의 BEND-(워프) 모듈레이션 효과를 극대화 시킵니다.

그림 4_397 ENV 3의 EQ 모듈레이션 설정

■ DISTORTION 설정

01. DRIVE : 73, MIX : 91

디폴트 Tube를 사용하고 드라이브와 믹스를 조정해 중고음역대에 디스토션을 추가합니다. 디스토션이 적용된 주파수 대역은 더욱 거친 사운드를 만듭니다.

그림 4_398 DISTORTION 설정

■ REVERB 설정

01. **디폴트** HALL, SIZE: **28**, DECAY: **4.4s**, HIGH CUT: **0**, SPIN: **0**, DEPTH: **0**, MIX: **22**

사이즈와 디케이는 디폴트에 가깝게 설정하고 하이컷을 최소화하여 사운드가 충분히 울려 퍼져 나가게 합니다. 필요 없는 스핀과 관련된 값은 최소화합니다.

그림 4_399 REVERB 설정

■ FX > FILTER 설정

01. High 24, CUTOFF: 100Hz

마지막으로 필터를 적용해 필요 없는 저음역대를 정리합니다.

그림 4_400 FX FILTER 설정

■ 사운드 확인하기

원곡 **Marshmello — Alone**과 같이 BPM 142의 세럼이 삽입된 미디 트랙을 만들고, 원곡의 느낌을 살린 다음의 악보를 참고하여 미디 노트를 만들어 봅니다. 마지막으로 사운드를 재생해 확인합니다.

악보 4_23 Alone 스타일

4.24. Avicii – Levels

아비치(Avicii)의 프로그레시브 하우스 장르 곡인 **Levels**에 등장하는 리드 소리입니다. 배음이 많은 톱니파를 이용하고 유니즌과 디튠을 통해 넓고 풍부한 소리를 만듭니다. 고음역대의 지글거리는 소리를 만들기 위해 노이즈 오실레이터의 화이트 노이즈를 이용합니다.

 알고 가기

스웨덴 출신의 DJ 겸 EDM 프로듀서 아비치(본명: Tim Bergling)는 프로그레시브 하우스, 일렉트로 하우스 풍의 EDM을 주로 발표했습니다. 그는 16세부터 리믹스를 시작했으며 2011년 발표한 첫 싱글 Levels로 유명해졌습니다. 첫 정식 앨범은 2013년 발표한 **True**로 EDM에 여러 장르적 요소를 잘 결합했다는 평가를 받았고, 이 앨범의 **Wake Me Up**은 여러 댄스 음악 차트에서 1위 또는 상위권을 차지했습니다. 2015년 두 번째 정식 앨범 Stories, 2017년 EP Avici(01)을 발표했으며 건강 문제로 2016년 은퇴했습니다. 안타깝게도 2018년에 28세로 사망했습니다. 사후 2019년에는 **Tim**이라는 세 번째 정식 앨범이 발매되었습니다.

■ OSC A 설정

01. OSC A 전원 ON, 파형 Default

EDM 초창기는 많은 배음을 가진 톱니파를 기반으로 만들어진 리드 사운드의 곡들이 많습니다. 이 곡의 신스도 톱니파를 기반으로 한 사운드로 OSC A의 디폴트 파형인 톱니파를 그대로 사용합니다.

02. UNISON : 8, DETUNE : 0.10

유니즌을 올리고 디튠을 조정해 넓고 풍부한 소리를 만듭니다.

그림 4_401 OSC A 설정

■ OSC B 설정

01. OSC B 전원 ON, 파형 Default, OCT : +1

톱니파를 선택하고 OCT는 +1로 하여 OSC A보다 한 옥타브 위의
배음을 만들어 줍니다.

02. UNISON : 8, DETUNE : 0.17, BLEND : 83

OSC A와 비슷하게 유니즌과 디튠, 블렌드를 설정해 전체 사운드가
더욱 퍼지도록 합니다.

03. LEVEL : 57

OSC A를 보조하는 역할로 볼륨 밸런스를 조절합니다.

그림 4_402 OSC B 설정

■ NOISE 설정

01. NOISE 전원 ON, Analog > BrightWhite

톱니파 사운드의 지글지글함을 부각시키기 위해 노이즈를 이용하는 것은 좋은 방
법입니다. 고음역대의 노이즈를 가진 BrightWhite를 선택합니다.

02. 피치 트래킹 활성화

연주되는 노트에 따라 고음역대 노이즈를 강조할 수 있습니다.

03. LEVEL : 44

OSC A, B의 톱니파 사운드를 보조하는 역할로 볼륨 밸런스를 조절합니다.

그림 4_403 NOISE 설정

■ FILTER 설정

01. FILTER 전원 ON, MG Low 12(디폴트)

필터는 디폴트인 MG Low 12(모그 로우패스 필터)를 사용합니다.

02. A, B, N 활성화

OSC A와 B, NOISE에 필터가 적용됩니다.

그림 4_404 FILTER 설정

03. CUTOFF : 537Hz

중음역대를 컷오프의 시작으로 설정해 추후 모듈레이션을 준비합니다.

■ ENV 1 설정

01. ATTACK : 51ms, DECAY : 257ms, SUSTAIN : −5.0dB, RELEASE : 93ms

원곡처럼 어택을 살짝 느리게 하고 디케이와 서스테인은 페달을 밟은 피아노 사운드와 비슷하게 설정합니다.

02. **어택선의 투명 포인트 위로 이동, 릴리즈 선의 투명 포인트는 아래로 이동**

어택과 릴리즈의 각도를 조정할 수 있는 투명 포인트를 드래그해 그림과 같이 설정합니다. 원곡 사운드의 어택과 릴리즈를 최대한 재현합니다.

그림 4_405 ENV 1 설정

■ ENV 2 설정

01. ATTACK : 10ms, DECAY : 347ms, SUSTAIN : 71.80%, RELEASE : 103ms

어택이 살짝 느린 피아노 느낌의 ADSR 모양을 설정합니다.

그림 4_406 ENV 2 설정

■ ENV 2 모듈레이션 설정

01. **ENV 2를 FILTER의 CUTOFF에 할당**

ENV 2의 사 방향 화살표를 FILTER의 CUTOFF로 드래그 앤드 드롭합니다

02. **모듈레이션 어마운트 : 44**

사운드의 어택에 고음역대 배음과 노이즈가 더해져 원곡의 느낌을 더욱 살려줍니다.

그림 4_407 ENV 2 모듈레이션 설정

■ FX 순서 설정

01. HYPER/DIMENSION – CHORUS – REVERB – EQ – FILTER – COMPRESSOR

위 순서에 따라 이펙트를 적용합니다.

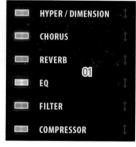

그림 4_408 FX 순서 설정

■ HYPER/DIMENSION 설정

01. HYPER > RATE : 26, DETUNE : 23, UNISON : 7, MIX : 26

전체 사운드가 디튠되며 더욱 넓어집니다. 이때 주의할 점은 음정이 흔들리거나 사운드가 선명성을 잃지 않도록 적당한 값으로 설정하는 것입니다.

02. DIMENSION > SIZE : 25, MIX : 20

사운드의 공간감을 조금 부여합니다.

그림 4_409 HYPER/DIMENSION 설정

▪ CHORUS 설정

01. RATE: 0.12Hz, LPF: 1493Hz, MIX: 47

코러스를 사용해 사운드를 한층 더 넓혀줍니다.

그림 4_410 CHORUS 설정

▪ REVERB 설정

01. 디폴트 HALL, SIZE: 38, DECAY: 4.9s, HIGH CUT: 13, SPIN: 0, SPIN DEPTH: 0, MIX: 24

리버브를 사용해 원곡 정도의 공간감을 만들어 줍니다.

그림 4_411 REVERB 설정

▪ EQ 설정

01. 왼쪽 피킹 필터 선택, FREQ: 1054Hz, Q: 49, GAIN: −3dB

여러 배음과 노이즈가 더해져 필요 이상으로 과장된 부분을 제거합니다.

02. 오른쪽 Shelf, FREQ: 1584Hz, GAIN: 2.0dB

디폴트로 설정된 Shelf 타입 이큐로 고음역대를 약간 강조하여 전체 소리를 조금 더 지글지글하게 만듭니다.

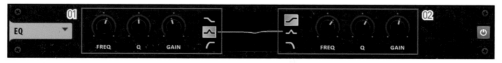

그림 4_412 EQ 설정

▪ FX > FILTER 설정

01. Analog > High 24, CUTOFF : 91Hz

불필요한 저음을 제거해 전체 소리를 명확하게 만듭니다.

그림 4_413 FX FILTER 설정

▪ COMPRESSOR 설정

01. THRESH : −15.5dB, RATIO : 4:1, ATTACK : 0ms, RELEASE : 0.1ms, GAIN : 7.2dB

짧은 어택과 릴리즈, 나머지 설정으로 사운드를 충분히 눌러줍니다. 또한 게인을 부스트하여 음압을 올리는 동시에 약간

의 컴프레서 노이즈를 더해줍니다. 사운드가 거칠어집니다.

그림 4_414 COMPRESSOR 설정

▪ MASTER 설정

01. MASTER : 67

전체 볼륨을 조절하여 클리핑을 방지합니다.

그림 4_415 MASTER 설정

■ 사운드 확인하기

원곡 **Avicii − Levels**와 같이 BPM 126의 세럼이 삽입된 미디 트랙을 만들고, 원곡의 느낌을 살린 다음의 악보를 참고하여 미디 노트를 만들어 봅니다. 마지막으로 사운드를 재생해 확인합니다.

악보 4_24 Levels 스타일

■ HYPER/DIMENSION 설정

01. HYPER > RATE : 12, DETUNE : 16, MIX : 38

하이퍼를 적용해 소리를 퍼지게 만듭니다. 약간의 스트레오감이 생성됩니다.

그림 4_425 HYPER 설정

■ EQ 설정

01. 왼쪽 피킹 필터 선택, FREQ : 292Hz, Q : 44, GAIN : 7.9dB

EQ의 왼쪽은 타입을 피킹 필터로 설정해 선택된 주파수 부분의 사운드만 증폭시킵니다. 중저음이 강조되어 사운드가 조금 더 단단해집니다.

02. 오른쪽 디폴트 Shelf, FREQ : 1517Hz, Q : 37, GAIN : 10.6dB

EQ의 오른쪽 디폴트 타입 Shelf를 그대로 사용하고 프리퀀시와 게인을 조정하여 고음역대 부분을 강조합니다. 긁히는 듯한 사운드가 더 강조됩니다.

그림 4_426 EQ 설정

■ DISTORTION 설정

01. Sin Fold, DRIVE : 11

사인 폴드 디스토션을 사용해 사운드의 중저음역대를 조금 더 거칠게 만듭니다.

그림 4_427 DISTORTION 설정

■ REVERB 설정

01. 디폴트 HALL, SIZE : 25, DECAY : 4.0s, HIGH CUT : 50, SPIN : 0, SPIN DEPTH : 0, MIX : 23

원곡과 비슷한 공간감을 부여합니다. 리버브 잔향이 좌우로 뻗어 나가지 않도록 스핀과 관련된 값을 최소화합니다.

그림 4_428 REVERB 설정

■ FX > FILTER 설정

01. High 24, CUTOFF : 101Hz

앞서 사운드를 만드는 과정에서 노이즈 오실레이터와 OSC A가 강한 저음역대 사운드를 생성하게 됩니다. 이 소리는 너무 낮아 스피커가 재생하지 못할 수 있으며, 사람에 귀에도 거의 들리지 않을 수 있습니다. 하지만 매우 높은 레벨을 가지고 있기 때문에 필터를 적용해 이 저음역대를 정리할 필요가 있습니다.

그림 4_429 FX FILTER 설정

■ MASTER 설정

01. MASTER : 63

전체 볼륨을 조절해 클리핑을 방지합니다.

그림 4_430 MASTER 설정

■ 사운드 확인하기

원곡 Lady Gaga – Born This Way (Zedd Remix)와 같이 BPM 126의 세럼이 삽입된 미디 트랙을 만들고, 원곡의 느낌을 살린 다음의 악보를 참고하여 미디 노트를 만들어 봅니다. 마지막으로 사운드를 재생해 확인합니다.

악보 4_25 Born This Way (Zedd Remix) 스타일

4.26. Marnik – Gladiators

마닉(Marnik)의 일렉트로 하우스 곡 **Marnik – Gladiators**에 등장하는 FX 중 하나입니다. 배음이 많고 거친 파형에 LFO를 이용한 피치, 팬, 레이트, 레벨 등의 모듈레이션 효과를 더해서 화려한 움직임의 FX를 만들어 봅니다.

 알고 가기

마닉은 알렉산드로 마텔로(Alessandro Martello)와 엠마뉴엘 론고(Emanuele Longo)로 구성된 이탈리아 EDM DJ 겸 프로듀서 듀오입니다. 주로 일렉트로, 프로그레시브 하우스 장르의 EDM을 발표합니다. 마닉의 대표적인 곡은 2016년에 9월 스티브 아오키(Steve Aoki)와 릴 존(Lil Jon)이 함께한 **Supernova (Interstellar)**, 2017년 3월 돈 디아블로(Don Diablo)와 갈란티스(Galantis)가 협업한 **Children of a Miracle**, 2017년 12월 KSHMR과 협업한 **Shiva**, 2018년 5월 스티브 아오키(Steve Aoki)와 협업하여 발표한 **Bella Ciao**가 있습니다. **Gladiators**는 2014년 레이블 Dim Mak Records에서 발표한 일렉트로 하우스 스타일의 곡입니다.

▪ OSC A 설정

01. OSC A 전원 ON, Digital > PWM Electro

원곡처럼 지글지글하는 사운드를 만들기 위해 PWM Electro를 선택합니다. 디지털 카테고리에는 배음 구조가 복잡하고 거친 사운드의 웨이브테이블이 많습니다.

02. UNISON : 3, DETUNE : 0.01, BLEND : 73

유니즌을 올리고 디튠을 미세하게 올려 원곡과 같이 사운드를 약간 퍼지게 합니다. 추후 HYPER 이펙트로 전체 디튠 사운드를 마무리합니다.

03. WT POS : 57, LEVEL : 80

중고음역대 사운드가 조금 더 거칠어지는 웨이브테이블 포지션을 설정합니다.

그림 4_431 OSC A 설정

■ LFO 1 설정

01. LFO 1 모양 설정

가운데 실점을 그 다음 칸에 가기 전 중간으로 드래그합니다. 밑에서 두 번째, 왼쪽에서 두 번째 칸보다 약간 더 오른쪽 부분을 더블클릭해 실점을 만듭니다. 오른쪽 선의 윗부분을 더블클릭해 실점을 만들고, 그림과 같이 오른쪽 위 맨 끝으로 드래그합니다.

02. TRIG 활성화, RATE: 8 bar

노트를 연주할 때마다 LFO의 페이즈가 처음부터 재생될 수 있게 TRIG를 활성화합니다. 레이트 8 bar는 LFO의 재생 길이를 정합니다.

그림 4_432 LFO 1 설정

■ LFO 1 모듈레이션 설정

01. LFO 1을 OSC A의 CRS에 할당

LFO 1의 사 방향 화살표를 OSC A의 CRS로 드래그 앤드 드롭합니다.

02. 한 방향 설정

MATRIX 탭으로 가서 LFO 1의 모듈레이션 타입을 클릭해 한 방향으로 만듭니다.

03. 모듈레이션 어마운트: -36st

AMOUNT를 더블클릭해 -36st를 입력합니다(마이너스 부호도 입력합니다). -36st를 입력하면 바로 -28로 변환됩니다. LFO 1의 그래프에 따라 피치가 서서히 하강한 다음 급격히 떨어집니다. 참고로 더블클릭해 수치를 입력하려면 글로벌 설정에서 Double-Click for typable values on controls를 활성화해야 합니다.

그림 4_433 LFO 1 모듈레이션 할당

그림 4_434 LFO 1 모듈레이션 설정

■ LFO 2 설정

01. 폴더 아이콘 > Basic > sine

폴더 아이콘을 클릭하여 LFO 2의 모양을 사인파로
설정합니다

02. TRIG 활성화, BPM 해제, RATE : 3.6Hz

노트가 재생될 때 항상 LFO의 페이즈가 처음부터 시
작할 수 있도록 TRIG를
활성화합니다. BPM을
비활성화하고 RATE를
3.6Hz로 설정합니다.

그림 4_435 LFO 2 설정

■ LFO 2 모듈레이션 설정

01. LFO 2를 OSC A의 PAN에 할당

LFO 2의 사 방향 화살표를 OSC A의 PAN으로 드래그 앤드 드롭합니다.

02. 모듈레이션 어마운트 : 82

LFO 2가 작동함에 따라 OSC A의 사운드는 좌우로 움직이는 패닝 효과를 만들어 냅니다.

그림 4_436 LFO 2 모듈레이션 설정

■ LFO 3 설정

01. LFO 3 모양 설정

가운데 실점을 같은 높이의 오른쪽에서 5번째 칸으로 드래그
합니다. 오른쪽 선의 윗부분을 더블클릭해 실점을 만들고 드래
그해 그림과 같이 만듭니다.

02. TRIG 활성화, RATE: 8 bar

노트가 재생될 때 항상 LFO의 페이즈가 처음부터 시작할 수
있도록 TRIG를 활성화하고 레이트는 8마디로 설정합니다.

그림 4_437 LFO 3 설정

■ LFO 3 모듈레이션 설정

01. LFO 3를 LFO2 Rate에 할당

MATRIX 탭에서 SOURCE는 LFO 3, DESTINATION은 LFO2 Rate로 설정합니다.

02. AMOUNT: 45

모듈레이션 어마운트는 45로 설정합니다.

이 설정은 LFO 3의 그래프 모양에 따라 LFO 2의 속도를 변하게 합니다. LFO 2의 속도가 점차 증가함에 따라 좌우로
패닝되는 사운드의 속도도 증가합니다.

그림 4_438 LFO 3 모듈레이션 설정

■ LFO 4 설정

01. LFO 4 모양 설정

가운데 실점을 중간보다 약간 오른쪽으로 드래그합니다. 가장
오른쪽 윗부분을 더블클릭해 실점을 만듭니다. 첫 번째 투명
포인트를 아래로 드래그해 그림과 같은 기울기를 만듭니다.

02. TRIG 활성화, RATE : 8 bar

노트가 재생될 때 항상 LFO의 페이즈가 처음부터 시작할 수
있도록 TRIG를 활성화하고 레이트는 8마디로 설정합니다.

그림 4_439 LFO 4 설정

■ LFO 4 모듈레이션 설정

01. LFO 4를 OSC A의 LEVEL에 할당

LFO 4의 사 방향 화살표를 OSC A의 LEVEL로 드래그 앤드 드
롭합니다.

02. 모듈레이션 어마운트 : −80

모듈레이션 어마운트를 −80으로 설정합니다. 원곡처럼 음이 내
려가서 최하점에 도달할 때 볼륨이 페이드 아웃되는 효과를 만들
수 있습니다.

그림 4_440 LFO 4 모듈레이션 설정

■ FX 순서 설정

01. HYPER/DIMENSION – DISTORTION – EQ – REVERB – FILTER
위의 순서에 따라 이펙트들을 적용합니다.

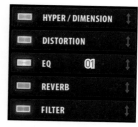

■ HYPER/DIMENSION 설정

그림 4_441 FX 순서 설정

01. HYPER > RATE : 22, DETUNE : 22, UNISON : 2, MIX : 27, DIMENSION > SIZE : 0, MIX : 29
하이퍼를 사용하여 원곡처럼 미세하게 디튠된 사운드를 만듭니다. 디멘션을 사용해 아주 약간의 공간감을 부여합니다.

그림 4_442 HYPER/DIMENSION 설정

■ DISTORTION 설정

01. Lin.Fold, DRIVE : 19
리니어 폴드 디스토션을 사용해 고음역대 거친 소리를 조금 더 강조합니다. 드라이브는 19로 설정하고 추후 모듈레이션
합니다.

그림 4_443 DISTORTION 설정

■ LFO 1의 DISTORTION 모듈레이션 설정

01. LFO 1을 DISTORTION의 DRIVE에 할당
LFO 1의 사 방향 화살표를 DISTORTION의 DRIVE로 드래그 앤 드롭합니다.

02. 모듈레이션 어마운트 : 3
이 모듈레이션 설정은 LFO 1이 OSC A의 피치를 내릴 때 디스토션의 드라이브를 증가 시켜 사운드가 미세하게 거칠어
지게 합니다. 원곡에서는 음이 떨어졌을 때 사운드가 전보다 약간 더 거칠어집니다.

그림 4_444 LFO 1의 DISTORTION 모듈레이션 설정

■ EQ 설정

01. **왼쪽, FREQ : 709Hz, Q : 41, GAIN : 9.6dB**

중저음역대를 증폭 시켜 전체 사운드를 두껍게 합니다.

그림 4_445 EQ 설정

■ REVERB 설정

01. **MIX : 18**

디폴트 설정에 믹스양을 약간만 줄여 공간감을 만듭니다.

그림 4_446 REVERB 설정

■ FX FILTER 설정

01. High 24, CUTOFF : 112Hz

112Hz 미만의 불필요한 저음역대 사운드를 제거합니다.

그림 4_447 FX FILTER 설정

■ MASTER 설정

01. MASTER : 47

전체 사운드를 원곡과 비슷한 레벨로 설정합니다.

그림 4_448 MASTER 설정

TIP FX를 만들때 RATE의 활용

원곡과 같이 피치가 떨어지는 FX 사운드를 보통 **다운리프터(Downlifter)**라고 부릅니다. 다운리프터는 RATE가 중요합니다. 원곡처럼 FX가 5마디 정도 길이일 때 LFO RATE를 8마디로 설정해 한 칸을 1마디로 만듭니다(디폴트 그리드 8칸을 사용합니다). 또한, 5칸을 그래프의 마지막이라고 생각하고 모양을 잡아주면 5마디에 딱 맞는 다운리프터를 만들 수 있습니다. FX의 길이에 따라 레이트를 적절하게 설정하면 피치 변화 등 다양한 모듈레이션을 음악의 템포에 정확히 맞아떨어지도록 제작하는 것이 가능합니다.

그림 4_449 FX 제작 RATE 팁

진짜 쓰는
일러스트레이터

진짜 쓰는 일러스트레이터

1쇄 발행 2023년 2월 10일
3쇄 발행 2024년 2월 1일

지은이 우디(서영열)
펴낸이 장성두
펴낸곳 주식회사 제이펍

출판신고 2009년 11월 10일 제406-2009-000087호
주소 경기도 파주시 회동길 159 3층 / **전화** 070-8201-9010 / **팩스** 02-6280-0405
홈페이지 www.jpub.kr / **원고투고** submit@jpub.kr / **독자문의** help@jpub.kr / **교재문의** textbook@jpub.kr

소통기획부 김정준, 송찬수, 박재인, 배인혜, 나준섭, 이상복, 송영화, 권유라
소통지원부 민지환, 이승환, 김정미, 서세원 / **디자인부** 이민숙, 최병찬

기획 및 진행 송찬수 / **교정·교열** 강민철 / **내지 디자인** 다람쥐생활 / **내지 편집** 인투 / **표지 디자인** 이민숙
용지 타라유통 / **인쇄** 한길프린테크 / **제본** 일진제책사

ISBN 979-11-92469-79-9 (13000)
값 24,000원

제이펍은 독자 여러분의 아이디어와 원고 투고를 기다리고 있습니다. 책으로 펴내고자 하는 아이디어나 원고가 있는
분께서는 책의 간단한 개요와 차례, 구성과 지은이/옮긴이 약력 등을 메일(submit@jpub.kr)로 보내 주세요.